KB158628

C언어기초

순서도를 중심으로 한

박정호, 이경오, 최성희, 황영섭 저

이한출판사

저자약력

박정호

Osaka University(공학박사)
현 선문대학교 교수

이경오

서울대학교(이학박사)
현 선문대학교 교수

최성희

Univ. of Kentucky(이학박사)
현 선문대학교 교수

황영섭

POSTECH(공학박사)
현 선문대학교 부교수

순서도를 중심으로 한
C언어 기초

저자	박정호, 이경오, 최성희, 황영섭
인쇄일	2011년 8월 15일
초판발행	2011년 8월 20일
발행처	이한출판사
발행인	한길만
기획	김갑수, 박남일, 한두희
편집	이재덕
디자인	인지영
교정	조경식
영업	심규남, 염의섭
주소	경기도 고양시 일산동구 백석2동 1330 브라운스톤오피스텔 101동 1212호
전화	031)924-1563, 팩스 031)924-0362
등록번호	제1-1520호
등록일자	1993. 5. 17
ISBN	978-89-8241-740-5 93000
가격	12,000원
홈페이지	http://www.ehan.co.kr
이메일	webmaster@chan.co.kr

컴퓨터 분야에서 C언어는 고급 컴퓨터 프로그래밍 언어를 배우는 첫 단계이다. C언어는 간단한 학습 프로그램에서부터 대규모 응용 프로그램까지 작성할 수 있는 강력한 도구이다. UNIX와 LINUX 운영체제가 C언어로 작성되었다. 냉장고, 세탁기 등의 스마트 가전과 산업용 기기에 내장되어 사용되는 임베디드 시스템도 대부분 C언어로 작성된다. 그런데 C언어는 프로그래밍 언어를 처음 배우는 사람이 익히기에 쉽지 않은 문제가 있다. C언어의 강력한 기능과 효율적인 프로그램을 가능하게 하는 요소가 초보자에게 오히려 부담이 되는 것이다. 이 책은 초보자가 C언어를 익히기 어려운 문제를 극복하고자 하는 의도로 기획되었다. 프로그래밍 언어를 처음 배우는 사람을 위하여 기본 개념을 쉽게 설명하고, 예제와 실습 예제를 풍부히 수록하였으며, 프로그램의 흐름을 순서도로 보여 쉽게 눈으로 이해할 수 있게 하였다.

이 책은 한 학기에 강의할 수 있는 분량으로 작성되었다. C언어의 모든 내용을 쉽게 설명하면서 한 학기에 모두 강의하기는 어려우므로 C언의 내용을 1부, 2부로 나누어 1부에서는 프로그래밍의 기초를 익힐 수 있게 하고, 2부에서 나머지 어려운 내용을 다루도록 기획되었다. 1부는 데이터의 형, 변수, 연산자, 제어문, 반복문, 배열, 함수, 입출력 등을 다루고 2부에서 포인터, 구조체, 함수의 활용, 포인터의 활용, 라이브러리 등으로 구성된다.

프로그래밍을 한다는 것은 프로그램 언어로 컴퓨터와 대화한다고 볼 수 있다. 우리가 외국어를 배울 때 단순히 눈으로 보기만 해서는 배울 수 없고, 읽고, 쓰고, 말해야 배울 수 있는 것처럼, 프로그래밍 언어를 배우려면 교재를 읽고, 키보드를 통해 프로그래밍 언어를 입력하고, 컴파일하여 실행해 보아야 한다. 또한 실습 문제와 연습 문제를 직접 머리를 써서 생각해 보고, C언어로 작성하여 컴퓨터에서 실행해 보아야 실력이 생긴다. 외국어를 잘 하려면 많은 시간 동안 외국어에 노출되어야 한다고 한다. 컴퓨터 프로그래밍 언어를 배우기 위해서도 마찬가지로 많은 시간 동안 컴퓨터 앞에 앉아서 키보드로 입력 하고, 고치고, 실행해 보아야 한다. 이 책을 통하여 컴퓨터 프로그래밍에 입문하여 프로그래밍을 하는 재미를 느꼈으면 하는 바람이다.

저자일동

Contents

4 연산자

5 단순 조건문

Contents

Contents

Contents

C 프로그래밍 소개

1.1 프로그래밍

이 책은 컴퓨터 프로그래밍 언어인 C언어로 프로그램을 작성하는 방법을 설명한다. 그럼 프로그래밍(programming)이란 무엇일까? 프로그램(program)이란 일반적으로 목록, 순서, 계획표 등을 말한다. 예를 들어 "오늘 TV 프로그램에서 재미있는 것"처럼 사용한다. 컴퓨터에서 프로그램이란 '어떤 특정한 작업을 위해 실행해야 할 명령들의 모음'이라고 볼 수 있다. 여기서 명령(instruction)은 컴퓨터에 내리는 것이다. 예를 들면, 인터넷의 웹 페이지를 보기 위한 익스플로러, 사진 작업을 위한 포토샵, 실시간 대화를 위한 메신저 등이 컴퓨터 프로그램의 예이다. 프로그래밍이란 이러한 프로그램을 만드는 작업이다. 이 책을 통하여 프로그래밍의 기초를 튼튼히 하면 위에서 언급한 멋진 프로그램이나, 스마트폰에 사용하는 어플리케이션(application), 웹에서 사용자와 정보를 주고받는 웹 프로그래밍 등을 잘 할 수 있게 된다.

삼각형 면적 구하기

1. 삼각형의 밑변의 길이를 구한다.
2. 삼각형의 높이를 구한다.
3. 밑변과 높이를 구하고 2로 나눈다.

```c
int getAreaTriangle()
{
    int width;
    int height;
    int area;

    scanf("%d", &width);
    scanf("%d", &height);
    area = width * height / 2;

    return area;
}
```

그림 1-1 프로그램의 예

1.2 프로그래밍 언어

프로그래밍은 컴퓨터 프로그램을 만드는 작업이다. 그렇다면 컴퓨터 프로그램은 어떻게 만드는가? 컴퓨터 프로그램은 보통 컴퓨터 프로그래밍 언어로 작성한다. 프로그램이 컴퓨터가 실행해야 할 명령들의 모음이라면 이런 명령들을 알기 쉽게 작성하도록 하는 것이 프로그래밍 언어이다. 컴퓨터라는 기계는 주어진 명령을 수행하는데 컴퓨터가 이해할 수 있는 명령은 0과 1로만 이루어져 있다. 예를 들어 3과 5를 곱하라는 명령을 컴퓨터에 내리려면 컴퓨터가 이해할 수 있는 명령(예: 110001101001)으로 바꾸어야 한다. 컴퓨터가 0과 1로 이루어진 명령만 이해할 수 있는 이유는 빠른 처리 속도, 오류에 대한 대처, 디지털 설계 등과 연관이 있으며 컴퓨터 구조 과목에서 자세히 배울 수 있다. 그런데 이렇게 0과 1로만 이루어진 명령어는 사람이 기억하기도 어렵고 이런 명령어를 이용하여 어떤 쓸모 있는 프로그램을 작성하는 것은 너무 어려운 일이다. 따라서 사람이 알기 쉬운 형태로 프로그램을 작성하고 이를 컴퓨터가 이해할 수 있는 0과 1의 형태로 바꾸어 주면 프로그램 작성이 더 쉽다. 컴퓨터와 사람 사이에 명령을 주고 결과를 받는 것은 대화를 주고받는 것과 비슷하므로 컴퓨터의 명령어 집합을 컴퓨터 언어라 부른다. 컴퓨터가 최종적으로 이해하는 0과 1로만 구성된 명령들을 기계어라 부르고, 사람이 알기 쉬운 형태의 명령어 집합을 고급 프로그래밍 언어라 부른다. 고급 프로그래밍 언어로 대표적인 것이 이 책에서 공부할 C언어이며, 그 외에 java, basic 등이 있다. 프로그래밍 언어는 컴퓨터가 실행해야 할 명령들을 표현하며 일반적인 언어처럼 문법이 존재한다. 사람 사이에 사용하는 언어는 문법이 틀려도 의미를 전달할 수 있으나 컴퓨터는 문법이 틀리면 실행을 할 수 없으므로 정확히 사용해야 한다. 한편 언어는 자꾸 사용해야 익숙해지는 것처럼 프로그래밍 언어도 많이 사용하면 더 익숙해지고 더 잘 사용할 수 있다.

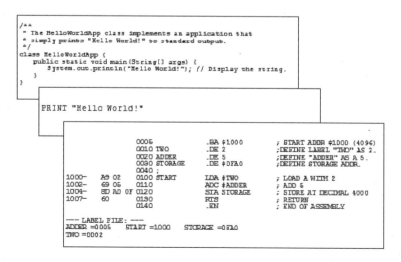

그림 1-2 다양한 프로그래밍 언어(Java, BASIC, assembly)

1.3 C언어

C언어는 1970년대 초 켄 톰슨과 데니스 리치가 당시 새로 개발된 유닉스 운영체제에서 사용하기 위해 만든 프로그래밍 언어이다. 켄 톰슨은 기존에 있던 프로그래밍 언어를 필요에 맞추어 개조해서 "B"언어(언어를 개발한 벨 연구소의 B를 따서)라 명명했고, 이 B언어에서 C언어가 탄생했다. 유닉스 시스템의 바탕 프로그램은 모두 C언어로 작성되었는데, 유닉스 운영체제는 현재에도 워크스테이션 등에서 널리 사용되며, 맥 OS X도 유닉스에 기반을 두고 있다. C언어는 새로 개발된 java나 C# 등의 언어에 많은 영향을 준 언어이므로 C언어를 익히면 다른 언어를 배우기도 쉬워진다.

그림 1-3 C 언어를 만든 켄 톰슨과 데니스 리치

C언어의 특징은 다음과 같다.

■ 범용성

C언어는 사용 범위가 넓다. TV, 휴대전화, 세탁기 등의 전자 기기 안에 들어가는 임베디드(내장) 프로그램이 대부분 C언어로 개발되며, 컴퓨터 응용 프로그램, 스마트폰의 어플리케이션(아이폰의 경우 object C), 유닉스나 리눅스 등의 운영체제까지 개발할 수 있다. Perl, PHP, Phython, Ruby 등의 프로그래밍 언어가 C언어로 작성되었다.

■ 하드웨어의 제어

대부분의 고급 프로그래밍 언어가 하드웨어와 독립하여 개발하도록 되어 있지만, C언어는 하드웨어를 직접 제어하는 것이 가능하다. 앞서 설명한 임베디드 프로그램의 경우 하드웨어를 직접 제어해야 가치가 있는데 C언어에서 이러한 기능을 제공해 준다. 그러나 하드웨어를 직접 제어하게 되면 프로그램이 어려워지고 다음에 설명할 이식성(portability)이 나빠진다.

■ 이식성

이식성이란 한 번 작성한 프로그램을 CPU나 운영체제가 다른 컴퓨터에 옮겨서 실행할수 있는 것을 말한다. C언어는 대부분의 컴퓨터 시스템에서 지원하므로 한 번 작성하면여러 환경에서 실행할 수 있다. 그러나 경우에 따라서 프로그램을 일부 수정해야실행되는 경우도 있다.

■ 효율성

C언어는 프로그램을 짧게 작성하고, 실행 속도가 빠르며 메모리를 효과적으로 사용하게 할수 있다. 이는 임베디드 프로그래밍에서 큰 장점이 된다. 대신 프로그래밍이 그만큼 어렵게된다.

1.4 C 언어 개발 도구

C언어로 프로그램을 작성하려면 프로그램 작성을 쉽게 해 주는 에디터(editor), 작성된프로그램을 컴퓨터가 이해할 수 있는 기계어로 바꾸어 주는 컴파일러(compiler),작성된 프로그램에 오류가 있는지 찾기 쉽게 해 주는 디버거(debugger) 등이필요하다. C언어로 작성한 문서를 소스 또는 소스 코드(source code)라 부른다.소스 코드를 작성하는 방법은 간단한 메모장으로 작성할 수도 있지만 C언어의문법에 따라 프로그램 작성을 쉽게 해 주는 편집기(editor)가 있으면 더 편리하다.편집기와 작성한 소스 코드를 기계어로 바꾸어 주는 컴파일러, 오류를 찾게 해 주는디버거 등이 통합되어 있어 프로그램 개발을 쉽게 해 주는 것을 통합 개발 환경(IDE: integrated development envirnoment)이라 하고, 이러한 IDE의 대표적인 예가마이크로소프트사의 Visual Studio이다. Visual Studio는 발표된 연도에 따라 여러 가지버전이 존재한다. 이 책은 최신 버전이며 대학생이 무료로 사용할 수 있는 Visual Studio 2010 professional을 개발 환경으로 선택한다.

참고로 또 다른 개발도구로 devC++를 추천한다. devC++는 설치 용량이 작고 실행속도가 빠르며 국제 표준을 잘 지원하는 통합 개발 환경이다. 메뉴 등에 한글을지원한다. 홈페이지 http://www.bloodshed.net/devcpp.html에서 무료로 내려받아서사용할 수 있다.

1.5 Visual Studio 2010의 설치

■ Visual Studio 2010의 다운로드

Visual Studio 2010은 http://www.dreamspark.com에서 다운로드(download) 받을 수 있다.

그림 1-4 DreamsPark 홈페이지

홈페이지를 방문하면 위와 같은 페이지를 확인할 수 있다. 처음 방문할 경우 언어가 English로 되어 있을 수 있는데 [Change Language]에서 한국어로 변경할 수 있다.

이제 화면 좌측 GET STARTED부분의 [Sign In]을 클릭한다.

그림 1-5 Sign In

그림 1-6 로그인 화면

계정이 있는 경우 바로 로그인이 가능하지만, 없는 경우 계정 신청을 하여서 계정을 만들 수 있다. 계정이 없는 경우를 예로 설명을 한다.

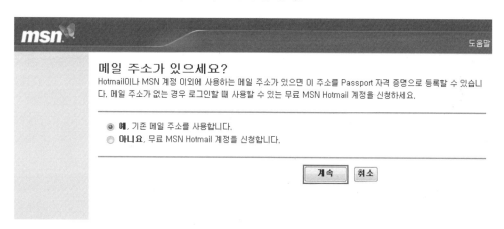

그림 1-7 메일 주소 확인

기존 메일 주소를 사용하거나 무료 MSN Hotmail 계정을 신청할 수 있다. DreamSPark는 대학생에게 혜택을 주는데, 대학생임을 확인하기 위해 대학교 메일 주소를 사용하므로 '기존 메일 주소를 사용합니다.'로 선택한다.

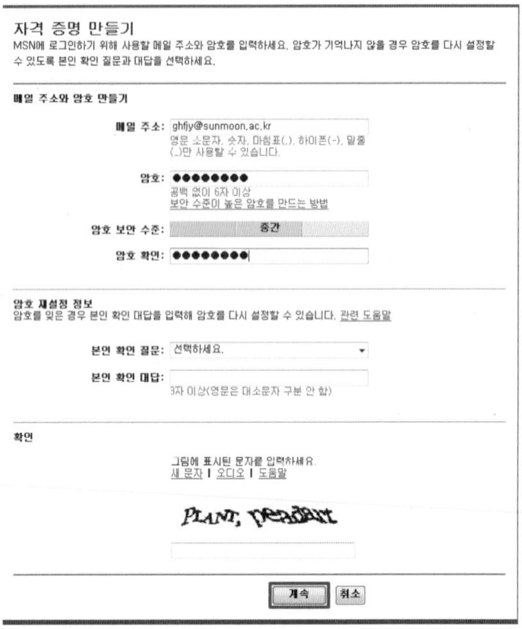

그림 1-8 자격 증명 만들기

기존의 메일 주소를 사용하는 경우 자신의 메일 주소를 적은 후 공백이 없도록 빈 칸에 정보를 적는다. 대학생임을 학교 메일 주소로 확인하므로 ac.kr로 끝나는 메일 주소를 사용해야 한다.

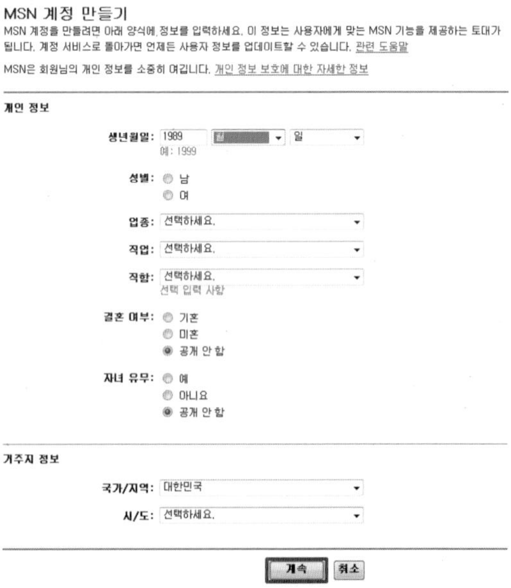

그림 1-9 MSN 계정 만들기

두 번째 페이지에서 자신에 대한 정보를 적는다.

이용 약관 검토 및 동의

MSN 가입은 아래의 Microsoft 서비스 계약과 개인정보취급방침 및 청소년보호정책(아래의 서비스 계약과 개인정보취급방침 및 청소년보호정책의 내용을 모두 포함하며 "이용 약관"이라고 정함)에 명시된 내용이 적용됩니다.

- **Microsoft 서비스 계약**
- **Microsoft 온라인 개인정보취급방침 및 청소년보호정책**

이용 약관을 확인하거나 인쇄하려면 위의 서비스 계약과 개인정보취급방침 및 청소년보호정책 링크를 클릭하세요. 이용 약관에 동의하면 메일 주소를 입력하고 [동의함]을 클릭하세요.

　　ghfjy@sunmoon.ac.kr　

메일 주소를 입력하고 [동의함] 단추를 클릭하면 이용 약관의 모든 내용을 준수하고, Microsoft에서 발송하는 모든 전자적 형태의 정보를 수신하는 데 동의함을 의미하며, 이 과정으로 다른 Windows Live ID 사이트 및 서비스에서 사용할 수 있는 자격 증명을 만들 수 있습니다. 이용 약관에 동의하지 않으면 [취소]를 클릭해 등록을 중지하세요.

　　　　　　　　　　　　　　　[동의함]　[취소]

그림 1-10 이용 약관 검토 및 동의

기본 정보 및 메일 입력이 끝난 후에는 이용 약관 검토 및 동의 페이지가 나온다. 빈칸에 자신의 메일을 한 번 더 적은 후 동의함을 클릭함으로써 가입 절차가 끝난다.

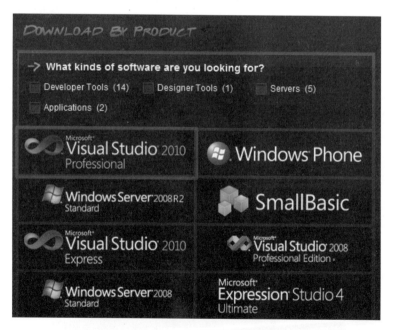

그림 1-11 Visual Studio 2010 Professional의 선택

가입이 끝난 후에 홈페이지 첫 화면으로 돌아와서 우리가 받아야 할 프로그램의 이름인 Visual Studio 2010 Professional을 클릭한다. (또는 GET STARTED 부분의 [Get Verified]를 클릭한다.)

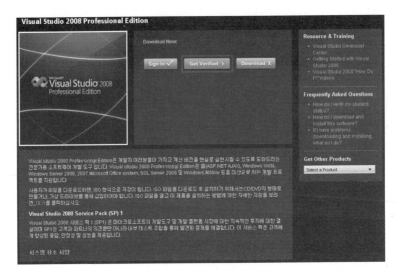

그림 1-12 인증 선택

클릭을 하면 그림 1-12와 같은 화면이 나오는 데 다운을 할 수 없게 되어 있다. [Get Verified]를 통해 인증을 받아야 다운을 할 수 있기 때문이다. [Get Verified]를 클릭한다.

그림 1-13 인증화면

살고 있는 국가와 가입하는 사람의 정보(학생인가 학교인가)와 어떤 방법으로 확인
할 것인가에 대한 질문이 나와 있다. 처음부터 순서대로 질문을 체크해야 다음 질문을
볼 수 있다. 마지막 질문은 학교 계정으로 확인을 할 것이라고 체크 후 [Continue]를
클릭한다.

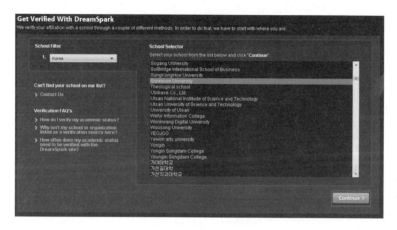

그림 1-14 학교로 인증

자신이 속한 대학교명을 선택하고 [Continue]를 클릭한다. (목록 밑 부분에 한글명도
있다.)

그림 1-15 학교 E-mail로 입력

학교에 대한 확인을 위하여 학교에서 제공하는 이메일 주소를 쓰고 검증을 위해 한 번
더 쓴 후, [Verify]를 클릭한다.

이제 자신의 E-mail을 확인한다. Activate Your DreamSpark Account란 제목으로
E-mail이 왔을 것이고, 내용에 활성화 코드(activation code)가 들어있을 것이다. 활성화
코드를 선택하여 복사한다.

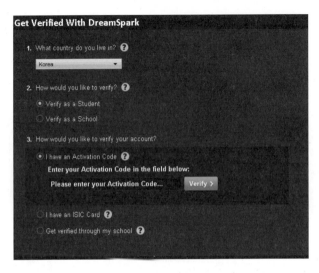

그림 1-16 활성화 코드로 인증

그림 1-16의 과정으로 돌아가서 이번에는 "I have an Activation code"를 누르고 복사한 활성화 코드를 붙여놓고 [Verify]를 클릭한다.

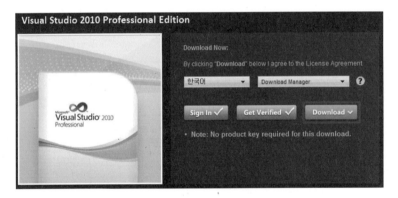

그림 1-17 다운로드 화면

본인의 인증이 끝나면 [Download] 버튼이 활성화되어 다운로드가 가능하게 된다. [Download]를 클릭하여 Visual Studio 2010 Professional을 다운로드한다.

■ Visual Studio 2010의 설치

그림 1-18 Visual Studio 2010 설치

다운된 파일을 알집 등의 파일 압축 관리 프로그램을 이용하여 풀고, SetUp파일을 실행시키면 그림과 같은 설치 프로그램이 실행된다. 또는 Nero 등의 CD/DVD 작성 프로그램을 이용하여 다운로드한 파일을 DVD로 구운 후 DVD 드라이브에 넣으면 자동으로 설치 프로그램이 실행된다. 화면의 [설치]를 클릭한다.

그림 1-19 Visual Studio 설치 – 시작 페이지

몇 가지의 설치가 필요한지 알아보는 창이 뜨고, 그림과 같은 창이 뜨면 [동의함]을 누르고 다음을 클릭한다.

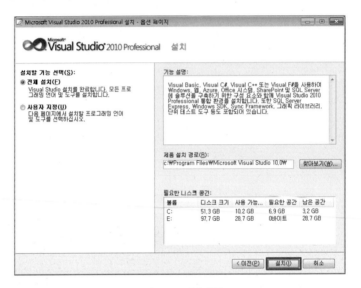

그림 1-20 전체 설치

디스크의 공간을 확인하고 충분하면 [전체 설치]를 클릭한다.

프로그램의 설치가 완료되면 다음 화면이 나타난다. [마침]을 누르면 설치가 완료된다.

그림 1-21 마침 페이지

C언어의 기초

2.1 첫 번째 프로그램

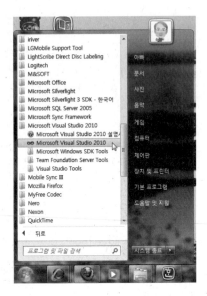

그림 2-1 Visual Studio 2010의 실행

설치한 Visual Studio 2010을 실행하자. 그러면 다음 화면이 나타난다.

이 화면은 제일 처음 실행할 때 나타나며 한 번 설정하면 그 다음에는 나타나지 않는다. 우리는 C언어를 사용할 것이므로 세 번째에 있는 Visual C++개발 설정을 선택하고, [Visual Studio 시작] 버튼을 누른다. (C++개발 설정에 C언어 설정이 포함된다.)

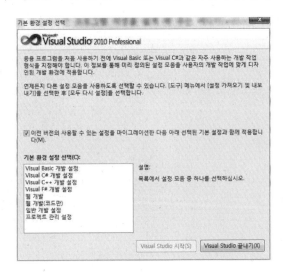

그림 2-2 Visual Studio 2010의 첫 실행 화면

이제 Visual Studio를 실행하면 항상 만나게 되는 첫 번째 화면이 나타난다.

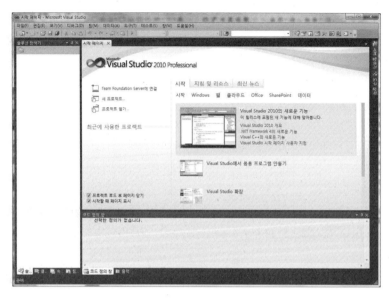

그림 2-3 Visual Studio 첫 실행 화면

위 화면에서 [새 프로젝트]를 누르거나 아래 그림처럼 메뉴에서 [새로 만들기]-[프로젝트]를 선택한다. 그림에서 알 수 있듯이 키보드의 [Ctrl], [Shift], [N] 키를 동시에 눌러도 똑같다. 이렇게 키보드의 조합으로 메뉴를 구동하는 것을 단축키라 하고 앞으로는 메뉴에서처럼 [Ctrl-Shift-N]이라고 표기한다.

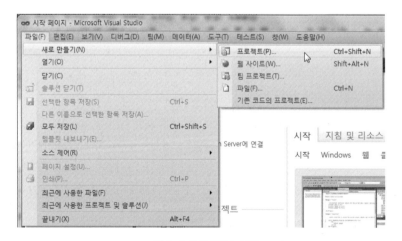

그림 2-4 새 프로젝트 실행

그림 2-5 새 프로젝트 창

새 프로젝트 창에서 [Win32 콘솔 응용 프로그램]을 선택하고, 아래 대화 창의 [이름] 부분에 프로젝트 이름을 작성한다. 프로그램이 저장되는 기본 위치를 바꾸려면 옆에 있는 [찾아보기] 버튼을 누르고 원하는 폴더를 선택하면 된다. 화면에 Visual Studio 2010으로 할 수 있는 다양한 작업들이 보인다. C언어 프로그램 작성은 Visual Studio 2010의 작은 일부분이다. Visual Studio 2010의 더 자세한 사용법은 이 책의 범위를 넘어가므로 따로 공부해야 한다. [확인] 버튼을 누르면 다음 그림이 나타난다.

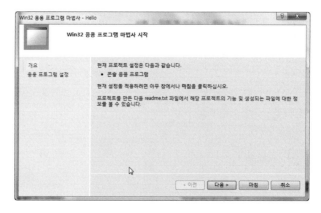

그림 2-6 응용 프로그램 마법사

여기서는 [다음] 버튼을 누른다.

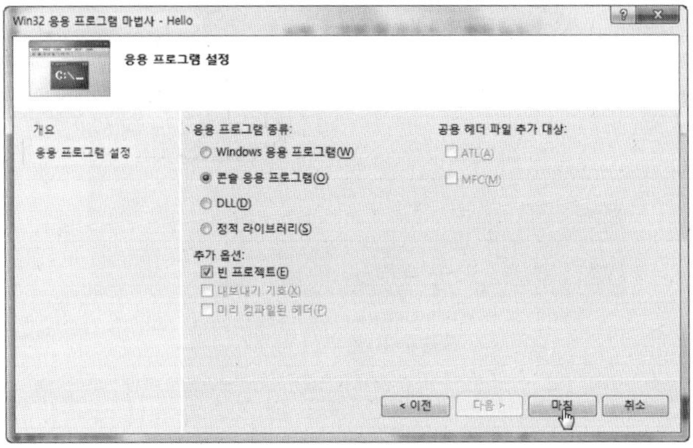

그림 2-7 응용 프로그램 설정

응용 프로그램을 설정하는 부분이다. 그냥 [마침]을 누르지 말고, 추가 옵션 부분의 [빈 프로젝트]를 클릭하여 선택하고 [마침]을 누른다([미리 컴파일된 헤더]가 해제되었는지 확인). 이제 새로운 프로젝트가 만들어졌다. Visual Studio 2010은 프로젝트와 관련된 파일들을 솔루션이란 이름으로 관리한다. 새 프로젝트 창에서 지정한 폴더에 가 보면 프로젝트로 정한 이름의 폴더가 생성되고, 폴더 안에 프로젝트 이름에 확장자가 .sln인 파일이 만들어짐을 볼 수 있다.

이제 소스 코드를 작성할 차례이다. 우선 소스 코드를 작성하기 위한 파일을 만들어야 한다. 다음 그림처럼 솔루션 탐색기의 [소스 파일] 부분을 선택하고 마우스 오른쪽 버튼을 누러 [추가]-[새 항목]을 선택한다. 또는 단축키로 [Ctrl-Shift-A]를 누른다. 또는 메뉴에서 [프로젝트]-[새 항목 추가]를 선택한다.

새 항목 추가 화면에서 [C++파일(.cpp)]를 선택하고, 아래 [이름]에 파일 이름을 작성한다. 우리는 C언어를 작성할 것이므로 확장자를 ".c"로 작성한다.

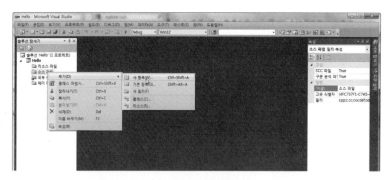

그림 2-8 솔루션 탐색기

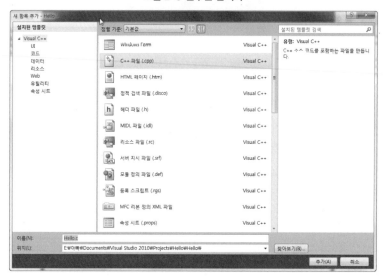

그림 2-9 새 항목 추가

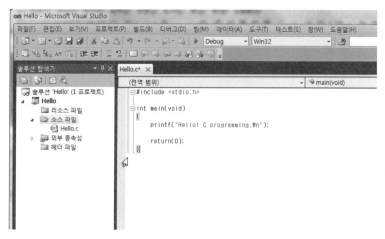

그림 2-10 프로그램의 작성

이제 드디어 프로그램을 작성할 준비가 되었다. 위의 그림처럼 프로그램을 작성해 보자. 아직 C언어에 대해 배우지 않았으므로 그림에 있는 그대로 작성한다. 따옴표 안에 있는 부분을 제외한 다른 곳의 글자가 틀리면 실행이 되지 않으므로 주의한다. 그림의 마지막 부분의 'I'은 글자가 아니라 커서(cursor) 부분이므로 입력하지 않는다. (2.2절 참고)

프로그램 작성이 끝났으면 메뉴에서 [빌드]-[솔루션 빌드]를 선택하거나, F7을 누른다. 프로그램을 정확히 작성했으면 아래쪽 창에 다음 그림처럼 빌드가 성공했다고 나타난다.

그림 2-11 빌드 성공 출력

빌드(build)라는 것은 C언어를 기계어로 번역하여 실행할 준비를 하는 것이라 생각하면 된다. "실패 1"이라는 글자가 보이면 소스 코드 입력 화면을 자세히 보고 틀린 부분을 수정한다. 대개 빨간 밑줄이 쳐진 부분이 잘못된 부분이다. 빌드가 성공했으면 이제 프로그램을 실행해 보자. 실행 방법은 메뉴에서 [디버그]-[디버깅하지 않고 시작]을 선택하거나, 단축키로 [Ctrl+F5]를 누른다.

실행 결과가 다음 그림처럼 나온다면 제대로 된 것이다.

그림 2-12 프로그램 실행 화면

2.2 첫 번째 프로그램의 설명

처음 프로그래밍한 프로그램을 자세히 살펴보면서 C프로그램의 기본 구조를 익히자.

```c
#include <stdio.h>

int main(void)
{
    printf("Hello! C programming.\n");

    return(0);
}
```

- #include <stdio.h>

표준 입출력(standard input/output)을 위해서 필요한 부분이다. 표준 입출력이란 사용자에게서 입력을 받고, 화면에 결과를 출력하는 것을 말한다. 자세히 설명하면 C컴파일러에게 표준 입출력을 위한 헤더(header) 파일을 읽어 들이라고(include) 지시하는 것이다. 쉽게 생각해서 입출력에 관련된 일을 하려면 이 문장이 있어야 한다고 생각하면 된다.

- int main(void)

모든 C프로그램은 main함수를 가지고, main함수가 프로그램의 첫 시작 부분이 된다. 시작 부분의 int는 main함수가 정수(integer)를 반환(return)함을 나타낸다. 괄호 안의 void라는 키워드는 main함수가 인자(arguement)를 가지지 않음을 나타낸다. main함수가 인자를 가지는 경우도 있지만 당분간은 인자를 가지지 않는 형태로 사용한다.

- {}

C 프로그램에서 중괄호는 블록(block)을 나타낸다. 여기서는 main함수의 시작과 끝을 나타낸다. 모든 함수는 '{'로 시작하고 '}'로 끝나게 된다.

■ printf("Hello! C programming.₩n");

문자열을 출력하는 부분이다. printf함수는 뒤에 오는 인자를 화면에 출력한다. f가 붙은 이유는 형식(format)이 있는 출력을 하기 때문이다. printf함수가 지원하는 다양한 형식은 고급 입출력에서 자세히 다루기로 한다. "Hello! C programming.\n"는 하나의 문자열이다. 문자열은 따옴표로 시작하여 따옴표로 끝난다. printf함수는 문자열을 그대로 출력한다. 그런데 문자열에서 '\n'은 특수한 문자이다. 특수한 문자들은 '₩'를 이용하여 표현하는데 한글 폰트의 경우 '\'가 '₩'처럼 나타남을 주의하자. '\n'은 새로운 줄(new line)을 나타낸다. 즉, "Hello! C programming."을 출력한 후 줄 바꿈을 하라는 뜻이다. 이러한 특수 문자의 예로 '\t'는 탭(tab)을, '\"'는 따옴표를, '\\'는 역슬래시를 표현한다.printf 문장의 끝 부분의 세미콜론(;)을 주의하자. 문장의 끝에 마침표(.)가 있듯이 C언어에서 문장의 끝은 세미콜론이다. #include부분과 main함수 선언 부분에는 세미콜론이 없다. 그러나 앞으로 배우게 될 대부분의 문장은 항상 세미콜론으로 끝난다.

■ return(0);

0의 값을 반환(return)하라는 문장이다. "int main(void)" 부분에서 정수형(int)을 반환하라고 선언했으므로 프로그램 끝 부분에 이처럼 정수를 반환하는 부분이 있어야 한다. C언어에서 main함수에서 0을 반환하는 것은 프로그램이 성공적으로 실행되었다는 것을 뜻한다. 참고로 return은 함수가 아니므로 "return 0;"와 같이 사용해도 된다. "(0)"의 괄호는 수식에서 우선 순위를 표현하기 위해 사용하는 괄호이다.

위 프로그램을 보면 printf와 return이 앞쪽에서 안쪽으로 들여 쓰인 것을 알 수 있다. 이렇게 들여쓰기(indentation)를 하게 되면 프로그램의 구조와 기능을 알기 쉽다. Visual Studio 2010에서 자동으로 들여쓰기를 지원하므로 그대로 사용하면 되며, 필요에 따라 수정하면 된다. 또한 프로그램에서 기능이 달라지거나 성격이 달라지는 부분에 빈 줄을 넣어 구별하면 프로그램을 이해하기 쉽게 된다.

2.3 기본 입출력

■ 복습

첫 번째 프로그램의 복습을 해 보자. printf는 뒤에 나오는 문자열을 출력한다고 했다. 그러면 다음 프로그램의 출력이 무엇이 될지 생각해 보자.

```
#include <stdio.h>

int main(void)
{
    printf("우리는 자랑스러운 태극기 앞에\n");
    printf("자유롭고 정의로운 대한민국의 ");
    printf("무궁한 영광을 위하여\n");

    return(0);
}
```

달라진 점은 printf문이 여러번 나왔다는 점이다. C언어는 기본적으로 좌에서 우로, 위에서 아래로 순서대로 소스코드를 실행한다. (나중에 배울 연산자의 우선 순위나 제어문에 의하여 바뀔 수도 있다.) 줄 바꿈을 표시하는 '\n'과 문자열 끝의 빈 칸을 주의하여 살펴보면 위 프로그램의 출력이 다음과 같음을 알 수 있다.

```
우리는 자랑스러운 태극기 앞에
자유롭고 정의로운 대한민국의 무궁한 영광을 위하여
```

그런데 프로그램이 쓸모 있으려면 무엇인가 데이터를 가져다가 계산을 하고 그 결과를 출력하여야 할 것이다. 앞으로 공부할 C언어에서 데이터의 입출력은 항상 쓰이게 되므로 본격적인 C언어 공부에 앞서 기본적인 입출력 방법을 설명한다.

■ 기본 출력

우선 출력은 앞에서 살펴본 것처럼 printf문을 통해 이루어진다. 어떤 데이터의 값을 출력하려면 printf문에 데이터 값을 출력하라는 지시를 해야 한다. 이러한 지시는 printf에서 특별히 취급되는 '%'문자를 통해 이루어진다. 예를 들어

```
printf("9 * 5 = %d\n", 9*5);
```

위 printf는 "9 * 5 = 45"를 출력한다. 위 문장에서 '%d'는 정수(decimal)를 이 부분에 출력하라고 표시하는 것이며 뒤에 나오는 '9*5'를 계산하여 그 결과인 45를 '%d' 자리에 출력한다. C언어에서 '*'는 곱하기를 뜻한다. 문자열 뒤의 쉼표와 괄호의 위치를 주의 깊게 보아야 한다.

그렇다면 직접 계산한 것이 아닌 데이터는 어떻게 출력하는가? 이것을 하려면 다음 장에서 배우게 될 변수를 알아야 한다. 변수는 데이터를 저장하는 창고와 비슷하다. C언어도 영어나 중국어와 같은 언어와 비슷한 면이 있어서, 각 문법 사항이 서로 연관되어 있으므로 어느 하나만 떼어 설명하기 어려우므로 변수 부분이 미리 나왔다. 여기서는 단순하고 알기 쉬운 부분만 설명하고 복잡한 것은 다음 장에서 살펴보자.

다음 예를 살펴보자.

```
#include <stdio.h>              // 헤더 부분

int main(void)                  // 메인 함수 선언
{                               // 메인 함수 시작
    /* 변수 선언 */
    int i;
    int j;
    int k;

    /* 계산 부분 */
    i = 5;
    j = 9;
    k = i * j;

    /* 출력 부분 */
    printf("%d * %d = %d\n", i, j, k);

    return(0);
}                               // 메인 함수 끝
```

위 프로그램을 보면 변수 i, j, k를 선언하고 두 변수 i, j에 값을 대입하고, k는 계산 결과를 저장한 후에 출력하는 것을 볼 수 있다. 변수 선언에서 'int'는 변수가 정수(integer) 값을 가진다고 표시하는 것이다. 'int i;'와 같은 형태로 변수를 선언해야 프로그램에서 변수를 사용할 수 있다. 'i = 5;'는 변수 i에 5를 집어 넣는다.

위 프로그램에서 '//'로 시작하는 부분과 '/*'로 시작하여 '*/'로 끝나는 부분은 주석(comment)이다. (두 문자 사이를 띄우지 않도록 주의한다.) 주석은 실행되지 않는다. 주석은 복잡한 부분을 설명하거나, 프로그램의 구조나 기능, 동작 등을 설명하거나, 프로그램하는 사람이 알아야 할 사항을 작성하는 데 사용한다. 주석이 충분히 들어가 있는 프로그램은 이해하기 쉽고, 수정이 쉬우므로 프로그램을 작성할 때 주석을 충분히 달아 놓는 습관이 필요하다. '//'는 '//' 뒷 부분을 주석으로 처리하며 '/*'와 '*/'는 그 사이에 있는 모든 내용을 주석으로 처리하므로 여러 줄에 걸친 주식을 작성할 수 있다. 다음은 여러가지 형태의 주석을 보여준다.

```
// 여러가지 주석의 예

/*
 * 여러 줄에 걸친 주석
 *
 */

/********************************
 *                              *
 * 예쁜 모양을 낸 주석           *
 *                              *
 ********************************/

/* 단순한 형태의
   여러 줄에 걸친
   주석   */
```

이제 예제를 통하여 기본 출력을 연습해 보자.

예제 2-1

삼각형의 넓이를 구하는 프로그램을 작성한다.

프로그램

```
01: #include <stdio.h>
02:
03: int main(void)
04: {
05:     /* 변수 선언 */
06:     int width;
07:     int height;
08:     int area;
09:
10:     /* 계산 부분 */
11:     width = 5;
12:     height = 6;
13:     area = width * height / 2;
14:
15:     /* 출력 부분 */
16:     printf("밑변이 %d, 높이가 %d인 삼각형의 넓이는 %d이다.\n",
                width, height, area);
17:
18:     return(0);
19: }
```

■ **기본 입력**

앞의 예제에서 변수에 값을 직접 입력하고 계산하여 결과를 출력했다. 그런데 변수의 값을 소스 코드에서 입력하는 것이 아니라 프로그램이 실행될 때, 사용자가 키보드로 직접 입력하면 매번 실행할 때마다 사용자가 원하는 새로운 값을 입력할 수 있다. 이렇게 사용자로부터 직접 입력받는 방법을 살펴보자.

```
printf("삼각형의 밑변의 길이는?");
scanf("%d", &width);
```

위 프로그램은 사용자의 입력을 받는 전형적인 예이다. printf문에 있는 문자열의 끝에 '\n'이 없으므로 줄바꿈이 일어나지 않으며 사용자가 입력한 정수를 받아들여 변수 width에 저장한다. scanf는 형식을 갖춘(formatted) 데이터를 조사(scan)하여 읽어들인다. "%d" 부분이 읽어들일 데이터의 형식을 지시하는 부분인데 조금만 잘못되어도 오류가 발생하므로 아주 조심하여 정확히 사용해야 한다. 당분간은 예제에 주어진 형태로 사용하는 것이 좋겠다. 변수 width앞에 '&'(ampersand)가 붙어있는 것에 주의하자. 또한 scanf문의 형식 지정 부분에 '\n'이 없는 것도 주의하자.

이제 사용자에게서 밑변과 높이를 받아들여 삼각형의 넓이를 계산하는 프로그램을 작성하자.

프로그램

```
01: #include <stdio.h>
02:
03: int main(void)
04: {
05:     /* 변수 선언 */
06:     int width;
07:     int height;
08:     int area;
09:
10:     /* 입력 부분 */
11:     printf("삼각형의 밑변의 길이는? ");
12:     scanf("%d", &width);
13:     printf("삼각형의 높이는? ");
14:     scanf("%d", &height);
15:
16:     /* 계산 부분 */
17:     area = width * height / 2;
18:
```

```
19:      /* 출력 부분 */
20:      printf("밑변이 %d, 높이가 %d인 삼각형의 넓이는 %d이다.\n",
                 width, height, area);
21:
22:      return(0);
23: }
```

위 프로그램을 실행하다 보면 넓이가 정확하지 않은 것을 볼 수 있다. 예를 들어 밑변이 3이고, 높이가 3이면 결과는 4가된다. 그 이유는 정수 연산이기 때문이다. 즉 3*3은 9가 되지만 9를 2로 나누면 4.5가 아니라 정수인 4가 되기 때문이다. 그렇다면 정확히 4.5를 출력하려면 어떻게 해야 하는가?

이 경우는 정수가 아니라 실수가 필요하다. C언어에서 실수형은 float와 double이 있다. 위 프로그램에서 결과를 저장하는 area를 float로 수정하고, 계산 과정의 2를 실수인 2.0으로 수정한다. 또한 출력할 때 실수형을 정확히 출력하기 위하여 area에 해당하는 형식 지정 부분을 '%d'에서 '%g'로 바꾼다. 바꾼 프로그램과 결과는 다음과 같다.

프로그램

```
01: #include <stdio.h>
02:
03: int main(void)
04: {
05:     /* 변수 선언 */
06:     int width;
07:     int height;
08:     float area;
09:
10:     /* 입력 부분 */
11:     printf("삼각형의 밑변의 길이는? ");
12:     scanf("%d", &width);
13:     printf("삼각형의 높이는? ");
14:     scanf("%d", &height);
15:
16:     /* 계산 부분 */
17:     area = width * height / 2.0;
18:
19:     /* 출력 부분 */
20:     printf("밑변이 %d, 높이가 %d인 삼각형의 넓이는 %g이다.\n",
                width, height, area);
21:
22:     return(0);
23: }
```

위 프로그램을 실행할 때 주의할 점이 있다. scanf문을 작성할 때 지시한 대로 정수를 입력해야 올바른 결과를 얻는다. 다른 값을 입력하면 이상한 결과를 얻게 되므로 주의한다.

1. 반지름을 입력받아 원의 면적과 구의 체적을 구하는 프로그램을 작성하라.

```
radius = 7
area = 153.86
volume = 205.147
계속하려면 아무 키나 누르십시오 . . .
```

2. 인치를 센티미터로 변환하는 프로그램을 작성하라. 1인치는 2.54센티미터이다.

```
inch: 24
24 inch = 60.96 centimeter
계속하려면 아무 키나 누르십시오 . . .
```

변수와 데이터형

사용자가 프로그램을 수행하기 위해서는 다양한 데이터를 기억하기 위한 메모리(Memory) 공간이 필요하다. 이때 프로그램 작성자가 메모리 공간을 쉽게 구분할 수 있도록 이름붙인 것을 변수라고 한다. 변수라고 하는 기억 공간은 프로그래밍을 어떻게 하는가에 따라 다양한 데이터들로 채워지고 변경된다. C언어에서는 여러 유형의 데이터가 존재하며, 각 데이터의 유형에 따라 이를 저장하기 위한 기억 공간의 크기와 내용이 달라진다.

3.1 변수와 상수(Variable and Constant)

(1) 변수(Variable)

프로그램에서 데이터가 일시적으로 저장(기억)되는 공간을 변수라고 한다. 변수는 데이터를 담아 두는 상자와 같다고 생각할 수 있다. 상자들은 식별을 위하여 이름표를 붙이기도 한다. 변수도 마찬가지여서 변수와 변수를 구별하기 위하여 이름을 붙여 준다. [그림3-1]에서 상자의 앞면에 표시되어 있는 n이 변수의 이름이다.

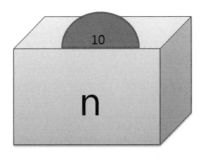

그림 3-1 변수

변수는 물리적으로 컴퓨터의 메인 메모리(main memory) 내에 만들어진다. 우리는 프로그램 안에서 변수를 만들고 변수에 이름을 부여한 다음, 변수 이름을 이용하여 메모리 공간을 사용하게 된다. 따라서 프로그래머는 어떤 변수가 메모리의 어느 번지에 실제로 저장되는지 그 물리적 주소는 알고 있을 필요가 없으며, 단지 변수 이름을 사용하면 된다.

(2) 상수(Constant)

데이터를 저장하는 공간은 두 종류로 나눌 수 있다. 하나는 프로그램이 실행되는 동안에 저장된 값이 변경될 수 있는 공간이다. 이것이 위에서 설명한 변수이다. 변수는 한 번 값이 저장되어 있어도 언제든지 다시 다른 값으로 변경이 가능하다. 반면에 값이 한 번 정해지면 값을 변경할 필요가 없는 데이터도 있다. 이런 데이터를 상수라고 한다. 상수는 프로그램이 실행되는 동안에 그 값이 변경되지 않는다.

```c
#include <stdio.h>

int main(void)
{
    int sum = 1 + 2;
    . . . . .

}
```

그림 3-2 변수와 상수 예제

예를 들어, 위의 C 프로그램에서 sum은 변수이며, 숫자 1과 2는 상수이다. 변수 sum은 단순히 기억공간을 지칭하는 것이기 때문에 프로그램 구현에 따라 다양한 값으로 변경될 수 있지만, 소스 코드에 명시된 1과 2는 덧셈을 위해 메모리에 존재하는 데이터 그 자체이므로 변경될 수 없다.

프로그램에서는 숫자, 하나의 문자, 문자열(여러 개의 문자가 모인 것)들이 모두 상수가 될 수 있다. 예를 들면, 프로그램에서 나타나는 숫자 1은 상수이다. 문자 'a' 와 문자열인 "Hello, World!" 도 상수이다. 프로그램에는 변수만 필요한 것이 아니라 상수도 꼭 필요하다. 예를 들어, 변수들의 초기값을 설정할 때도 상수가 필요하고 각종 산술 연산에서도 상수가 필요하다.

변수가 메모리에 저장되듯이 상수도 역시 메모리에 저장된다. 다만 변경이 불가능하다는 태그가 붙어 있을 뿐이다.

(3) 변수 이름 짓기

변수의 이름은 프로그래머가 마음대로 지을 수 있지만 몇 가지의 규칙을 지켜야 한다. 식별자(Identifier)란 변수 이름에 사용되어서 다른 것들과 식별할 수 있게 해 주는 것으로써 "홍길동", "김철수" 등의 이름이 사람을 식별하듯이 식별자는 변수들을 식별하는 역할을 한다.

■ **식별자를 만드는 규칙은 다음과 같다.**

1. 알파벳 문자와 숫자 그리고 밑줄 문자(_)를 사용할 수 있다.
2. 이름의 중간에 공백은 들어갈 수 없다.
3. 이름의 첫 번째 문자는 알파벳 또는 밑줄 문자이어야 한다. 즉, 이름은 숫자로 시작할 수 없다.
4. 알파벳 대문자와 소문자를 구별한다. 예를 들어, temp, Temp, TEMP는 모두 서로 다른 변수로 취급된다.
5. C언어에서 사용하고 있는 키워드와 똑같은 이름은 쓸 수 없다.

다음과 같은 것들은 유효한 식별자이다.

```
sum
_count
number_of_pictures
King3
```

다음과 같은 것들은 유효하지 않은 식별자이다.

```
2nd_base
money#
double
number of pictures
```

첫 번째 식별자 2nd_base는 첫 번째 문자가 숫자로 시작하였기 때문에, 두 번째 식별자 money#에는 특수 기호인 #를 사용하였기 때문에, 세 번째 double은 키워드를 사용하였기 때문에, 마지막 식별자 number of pictures에는 사용할 수 없는 공백문자가 사용되었기 때문에 모두 유효하지 않은 식별자이다.

변수의 이름을 짓는 것은 상당히 중요한 작업 중의 하나이므로 신중해야 하고 시간을 투자해야 한다. 변수의 이름은 변수의 역할을 가장 잘 설명하는 이름으로 지어야 한다. 좋은 변수 이름은 전체 프로그램을 읽기 쉽게 만든다. 반대로 즉흥적으로 지은 이름을 사용하면 나중에 프로그램을 읽기가 매우 힘들어진다. 예를 들면, 연도와 달, 일을 나타내는 데에 i, j, k 라고 하는 것보다는 year, month, date 라고 하면 프로그램이 읽기 쉬워질 것이다.

여러 단어로 되어 있는 변수 이름을 나타내는 데에는 몇 가지의 방식이 있다. 먼저 가장 전통적인 방식은 bank_account처럼 중간에 밑줄문자를 사용하는 것이다. 두 번째 방법은 BankAccount 처럼 단어의 첫 번째 글자를 대문자로 하는 것이다.

■ 키워드(Keyword)

키워드란 C언어에서 고유한 의미를 가지고 있는 특별한 단어이다. 키워드는 예약어(reserved word)라고도 한다. 키워드는 사용자가 다시 정의하는 것이 금지되어 있고 따라서 식별자로 사용할 수 없다.

auto	double	int	struct
break	else	long	switch
case	enum	register	typedef
char	extern	return	union
const	float	short	unsigned
continue	for	signed	void
default	goto	sizeof	volatile
do	if	static	while

(4) 변수의 선언과 사용

■ 변수의 선언

변수는 사용하기 전에 반드시 미리 선언(declare)하여야 한다. 변수 선언이란 컴파일러에게 어떤 변수를 사용하겠다고 미리 알리는 것이다. 선언을 하게 되면 컴파일러는 변수의 데이터형에 맞는 기억 공간을 미리 확보한다. 만일 변수를 선언하지 않고 사용하게 되면 컴파일 오류가 발생한다.

변수를 선언하는 방법은 원하는 데이터형을 쓰고 이어서 변수 이름을 쓰면 된다. 변수 선언도 하나의 문장이므로 반드시 세미콜론으로 종료하여야 한다.

형식	데이터형 변수 이름;

| 예제 | ```
char ch ;
int i ;
double sum ;
int j, k, m ;
``` |

첫 번째 줄에서는 문자형 변수 ch를, 두 번째 줄에서는 정수형 변수 i를 선언하였다. 세 번째 줄에서는 double형 실수 sum을 선언하였고, 마지막 줄은 여러 개의 변수 이름을 쉼표로 분리하여 같은 형의 변수를 여러 개 선언하는 문장이다.

■ 변수에 값을 저장하는 방법

변수는 데이터 값을 저장하기 위한 기억 공간이다. 변수를 선언하면 빈 공간만 생성된다. 변수에 값을 넣으려면 대입 연산자 = 을 사용하여야 한다. 대입 연산자에 대한 자세한 설명은 다음 장에서 하기로 하겠다.

```
char ch ;            // 문자형 변수 선언
int i ;              // 정수형 변수 선언
double sum ;         // 실수형 변수 선언

ch = 'a' ;           // 문자형 변수 ch 에 문자 'a'를 저장
i = 10 ;             // 정수형 변수 i에 정수 10을 저장
sum = 25.7493 ;      // 실수형 변수 sum에 25.7493을 저장
```
```

■ **변수의 초기화**

변수가 선언되면 변수의 값은 아직 정해지지 않은 상태이다. 변수의 선언과 동시에 값을 저장시키는 방법은 변수 이름 뒤에 대입 연산자 = 를 쓰고 그 다음에 값을 적어 넣으면 된다. 이것을 변수의 초기화(Initialization)라고 한다. 변수를 선언과 동시에 초기화하는 것은 먼저 선언한 후 값을 대입하는 것과 동일하다.

```
char ch = 'a' ;
int i = 10 ;
double sum = 25.7493 ;
```

■ **변수 선언 위치**

변수는 반드시 함수의 시작 부분에서 선언되어야 한다. 좀 더 정확하게는 블록의 시작 부분에서 선언되어야 한다. 블록(block)이란 '{' 과 '}' 로 둘러싸인 부분을 의미한다. 시작 부분이 아닌 곳에서 선언되면 컴파일 오류가 발생한다. 따라서 아래와 같이 변수를 일반 문장이 등장한 다음에 선언하게 되면 컴파일 오류가 발생하게 된다.

```
int main(void)
{
    int index=0 ;      // 변수 선언
    int count=0 ;      // 변수 선언

    count = 10 ;       // 일반문장
    index = 7 ;        // 일반문장
    int sum ;          // 오류- 잘못된 변수 선언
    . . . . .
}
```

■ **변수의 사용**

변수에는 대입 연산자를 이용하여 값을 저장할 수 있고 값은 얼마든지 변경이 가능하다. 또한 변수에는 다른 변수의 값을 할당할 수도 있다.

```
int value1, value2 ;
value1 = 10 ;
value2 = 20 ;
. . . . .
value1 = 30 ;
value1 = value2 ;
```

예제 3-1

정수 변수 x와 y를 정수로 선언한 다음, x에 10을 대입하고 y에는 30을 대입한 후, 두 변수의 값을 출력하는 프로그램을 작성하시오.

그림 3-3 예제 3-1의 출력 화면

이 예제에 대한 프로그램 작성 단계는 다음과 같다.

Step 1 변수 x의 선언은 다음과 같다.

```
int x;
```

Step 2 변수 y의 선언은 다음과 같다.

```
int y;
```

Step 3 변수 x에 10을 대입하고, y에는 30을 대입한다.

```
x = 10;
y = 30;
```

Step 4 두 변수 x와 y의 출력은 다음과 같이 하면 된다.

```
printf("x = %d\n", x);
printf("y = %d\n", y);
```

Step 5 지금까지의 내용을 순서도로 작성하면 다음과 같다.

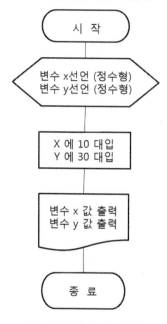

그림 3-4 예제 3-1의 순서도

Step 6 프로그래밍

앞에서 나타낸 순서도를 토대로 프로그램을 작성하면 다음과 같다.

프로그램

```
01: #include <stdio.h>
02: int main(void)
03: {
04:     int x;
05:     int y;
06:
07:     x = 10;
```

```
08:     y = 30;
09:
10:     printf("결과값\n");
11:     printf("x = %d\n", x);
12:     printf("y = %d\n", y);
13:
14:     return 0 ;
15: }
```

예제 3-2

정수 변수 x를 10으로 초기화하고, 정수 변수 y를 30으로 초기화한 다음, 두 변수의 값을 출력하는 프로그램을 작성하시오.

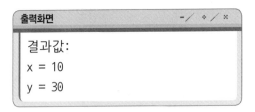

그림 3-5 예제 3-2의 출력화면

상기 문제에 대한 프로그램 작성 단계는 다음과 같다.

Step 1 변수 x의 선언과 초기화는 다음과 같다.

```
int x=10;
```

Step 2 변수 y의 선언과 초기화는 다음과 같다.

```
int y=30;
```

Step 3 두 변수 x와 y의 출력은 다음과 같이 하면 된다.

```
printf("x = %d\n", x);
printf("y = %d\n", y);
```

Step 4 지금까지의 내용을 순서도로 작성하면 다음과 같다.

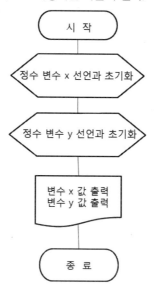

그림 3-6 예제 3-2의 순서도

Step 5 프로그래밍

앞에서 나타낸 순서도를 토대로 프로그램을 작성하면 다음과 같다.

프로그램

```
01: #include <stdio.h>
02: int main(void)
03: {
04:     int x=10;
05:     int y=30;
06:
07:     printf("결과값\n");
08:     printf("x = %d\n", x);
09:     printf("y = %d\n", y);
10:
11:     return 0 ;
12: }
```

예제 3-3

변수 x와 y를 정수로 선언한 다음, x와 y의 값을 입력받은 후, 두 변수의 값을 출력하는
프로그램을 작성하시오.

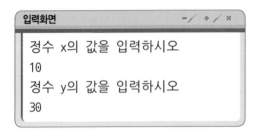

그림 3-7 예제 3-3의 입출력 화면

상기 문제에 대한 프로그램 작성 단계는 다음과 같다.

Step 1 변수 x와 y의 선언은 다음과 같다.

```
int x, y;
```

Step 2 변수 x의 값을 입력받는다. 여기서 입력 값을 10 이라고 하자.

```
scanf("%d", &x) ;
```

사용자가 10이라는 값을 키보드에서 입력하면, 10이란 값이 변수 x에 기억(저장)된다.
앞 장에서 설명하였듯이, scanf() 명령문 안의 변수명 앞에는 반드시 주소 연산자인
&가 있어야 한다. 주소 연산자인 &에 대해서는 추후에 설명을 하기로 하고, 이
단계에서는 변수명 앞에 반드시 &를 사용하여 scanf("%d", &변수명) 형태로
사용한다고 기억해 두기로 하자.

Step 3 변수 y의 값을 입력받는다.

```
scanf("%d", &y);
```

Step 4 두 변수 x와 y의 값을 출력한다.

```
printf("x = %d\n", x);
printf("y = %d\n", y);
```

Step 5   지금까지의 내용을 순서도로 작성하면 다음과 같다.

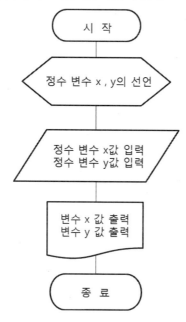

그림 3-8 예제 3-3의 순서도

Step 6   프로그래밍

앞에서 나타낸 순서도를 토대로 프로그램을 작성하면 다음과 같다.

프로그램

```
01: #include <stdio.h>
02: int main(void)
03: {
04:     int x, y;
05:
06:     printf("정수 x의 값을 입력하시오\n");
07:     scanf("%d", &x);
08:     printf("정수 y의 값을 입력하시오\n");
09:     scanf("%d", &y);
10:
11:     printf("결과값\n");
12:     printf("x = %d\n", x);
13:     printf("y = %d\n", y);
```

```
14:
15:     return 0 ;
16: }
```

3.2 데이터형(Data Type)

변수를 선언할 때 변수명 앞에 반드시 데이터형을 밝혀두는 것은 이 변수명에 해당하는 기억 공간이 메모리에서 얼마만큼의 크기를 가지고 있고, 그 기억 공간에 저장되는 값이 어떤 유형인지를 컴파일러에게 알려야 하기 때문이다. 이것은 컴파일러가 소스 프로그램을 컴파일할 때, 변수가 필요로 하는 정확한 메모리 공간을 확보하게 하고, 이 기억 공간에 잘못된 값이 할당되어 발생할 수 있는 심각한 문제를 사전에 방지하기 위함이다.

C언어에서 제공하는 데이터형은 void를 제외하고 크게 정수형, 실수형(부동소수점형), 문자형이 있다. 정수형에는 int, short, long, 실수형에는 float, double, long double, 문자형에는 char라는 데이터형이 있다. 여기에 signed, unsigned와 같은 한정자가 붙기도 한다. signed와 unsigned는 부호 표현의 고려 여부를 결정한다.

C언어에서 사용하는 기본 데이터형은 다음과 같은 크기와 범위를 갖는다.

표 3-1 C 언어의 기본 데이터형

데이터형		크기(byte)	값의 범위
문자형	char	1	−128 ~ 127
	signed char	1	〃
	unsigned char	1	0 ~ 255
정수형	short	2	−32,768 ~ 32,767
	int	4	−2,147,483,648 ~ 2,147,483,647
	unsigned int	4	0 ~ 4,294,967,295
	unsigned short int	4	〃
	long	4	−2,147,483,648 ~ 2,147,483,647
	unsigned long int	4	0 ~ 4,294,967,295

데이터형		크기(byte)	값의 범위
실수형	float	4	±3.4e−38 ~ ±3.4e+38 (7digits)
	double	8	±1.7e−308 ~ ±1.7e+308 (15digits)
	long double	8	

■ 정수형 데이터 int

정수는 소수점이 없는 수를 의미하며 예를 들어, 234, 1000, -57 등은 정수이다. 8진수의
수를 표시하기 위해서는 0234, 02, -0123과 같이 숫자 앞에 '0'을 붙이고, 16진수는
0x123, 0xA98D, 등과 같이 숫자 앞에 '0x'를 붙인다. 따라서 10진수 234 앞에 '0'을 붙여
0234라고 쓰면 8진수 234로 인식되어 전혀 다른 숫자가 되므로 이를 주의해야 한다.

정수형은 가장 기본적인 데이터형으로 정수를 저장할 수 있다. 정수형에는 int, short,
long이 있고, 최근 대부분의 컴퓨터에서는 int는 4바이트, short는 2바이트, long은
4바이트를 사용한다. 위의 표에서와 같이 short형에 저장할 수 있는 가장 큰 수는
32,767 밖에 안 되므로 일반적으로 int형을 제일 많이 사용한다.

■ 실수형 데이터 float와 double

실수는 23.4567과 같이 소수점이 있는 숫자를 의미하며, 실수의 표현 방법에는 크게 두
가지가 있는데 일반적으로 많이 사용하고 있는 십진형 표현 방법과 지수형 표현 방법이
있다. 십진형 표현 방법은 지금 우리가 일반적으로 사용하고 있는 방법이며, 12.345,
0.000123456, -98765.432 등과 같이 표현하는 방법이다. 지수형 표현 방법은 10의 지수
형태로 표현하는 방법이며, 12.345는 0.12345×10^2과 같이 쓸 수 있으며, C언어에서는
0.12345e3으로 표현하는 방법이다. 즉,

$$12.345 = 0.12345e2 = 0.12345 \times 10^2$$

이다.

실수를 저장하는 데이터형에는 float, double, long double의 3가지가 있다. float형은
4바이트, double과 long double은 8바이트를 사용한다. float는 10진수에서 6~7자리의
유효 숫자를 가지고, double과 long double은 약 15자리의 유효 숫자를 가진다. 따라서
되도록 double을 사용하는 것이 좋으며, C언어에서 별다른 지정을 하지 않는 한 실수는
double형을 사용한다.

■ 문자형 데이터 char

문자(character)는 한글이나 영어에서 하나의 글자, 숫자, 기호 등을 의미한다. 컴퓨터는 모든 것을 숫자로 표현하는데 문자 역시 숫자로 표현한다. 문자를 숫자로 나타내는 규칙으로 ASCII(American Standard Code for Information Interchange) code, EBCDIC(Extended Binary Decimal Interchange Code) code, BCD(Binary Coded Decimal) code 등이 있다. 현재 윈도우를 사용하는 거의 모든 컴퓨터에서 ASCII code를 사용하므로, 여기서는 ASCII code에 대해서만 설명하겠다. ASCII 코드는 0에서 127까지의 숫자를 이용하여 문자를 표현한다. 문자 'A'의 코드값은 65이고, 'B'는 66, 'C'는 67이고, 'a'는 97, 'b'는 98이며 공백 문자(space)는 32 등이다. 다음 표에 있는 ASCII 코드를 참조하기 바란다.

C언어에서 문자를 표현하기 위해서는 문자 앞뒤에 작은 따옴표(' ')를 사용하여야 한다. 영문 알파벳 소문자 a는 반드시 'a' 라고 써야 한다. 만약 작은 따옴표를 사용하지 않고 그냥 a를 사용하면 컴파일러는 이를 변수 이름으로 간주한다. 'a' 와 같이 작은 따옴표로 둘러싸인 문자를 문자 상수라고 한다. 문자 상수 'a' 가 사용되면 실제로 문자 a의 ASCII 코드값 97이 사용되며, 이는 정수로 저장된다.

표 3-2 ASCII code

문자	10진수	16진수	문자	10진수	16진수	문자	10진수	16진수
NULL	0	0	+	43	2B	V	86	56
SOH	1	1	,	44	2C	W	87	57
STX	2	2	−	45	2D	X	88	58
ETX	3	3	.	46	2E	Y	89	59
EOL	4	4	/	47	2F	Z	90	5A
ENQ	5	5	0	48	30	[	91	5B
ACK	6	6	1	49	31	\	92	5C
BEL	7	7	2	50	32	]	93	5D
BS	8	8	3	51	33	^	94	5E
HT	9	9	4	52	34	_	95	5F
LF	10	A	5	53	35	`	96	60

문자	10진수	16진수	문자	10진수	16진수	문자	10진수	16진수
VT	11	B	6	54	36	a	97	61
FF	12	C	7	55	37	b	98	62
CR	13	D	8	56	38	c	99	63
SO	14	E	9	57	39	d	100	64
SI	15	F	:	58	3A	e	101	65
DEL	16	10	;	59	3B	f	102	66
DC1	17	11	〈	60	3C	g	103	67
DC2	18	12	=	61	3D	h	104	68
DC3	19	13	〉	62	3E	i	105	69
DC4	20	14	?	63	3F	j	106	6A
NAK	21	15	@	64	40	k	107	6B
SYN	22	16	A	65	41	l	108	6C
ETB	23	17	B	66	42	m	109	6D
DAN	24	18	C	67	43	n	110	6E
EM	25	19	D	68	44	o	111	6F
SUB	26	1A	E	69	45	p	112	70
ESC	27	1B	F	70	46	q	113	71
FS	28	1C	G	71	47	r	114	72
GS	29	1D	H	72	48	s	115	73
RS	30	1E	I	73	49	t	116	74
US	31	1F	J	74	4A	u	117	75
space	32	20	K	75	4B	v	118	76
!	33	21	L	76	4C	w	119	77
"	34	22	M	77	4D	x	120	78
#	35	23	N	78	4E	y	121	79
$	36	24	O	79	4F	z	122	7A

문자	10진수	16진수	문자	10진수	16진수	문자	10진수	16진수
%	37	25	P	80	50	{	123	7B
&	38	26	Q	81	51	|	124	7C
'	39	27	R	82	52	}	125	7D
(	40	28	S	83	53	~	126	7E
)	41	29	T	84	54	DEL	127	7F
*	42	2A	U	85	55			

■ 데이터의 값 출력

앞 장에서 설명하였듯이 printf()는 문자열을 출력할 수 있을 뿐만 아니라 데이터의 형식을 지정하여 상수나 변수의 값을 출력하는 기능도 있다. printf()는 기본적으로 다음과 같이 2가지의 형식을 가진다.

> **형식**
> ① printf(문자열);
> ② printf(형식 제어 문자열, 변수);

①형식의 printf()에서의 문자열은 큰 따옴표(" ")로 둘러싸여 있으며, 큰 따옴표 안의 내용이 그대로 화면에 출력된다. ②형식에서는 변수의 값이 형식 제어 문자열에 기술된 형식으로 출력된다. 형식 제어 문자열도 문자열이므로 큰 따옴표로 둘러싸여 있어야 하며, 변수의 출력 형태를 지정하는 형식 지정자가 반드시 있어야 한다. 이미 앞의 예제에서 보았듯이 정수형 변수 sum의 값을 10진수로 출력하려면 printf("%d", sum); 과 같이 사용하면 된다. 여기서 %d를 형식 지정자라고 하는데 변수 sum의 형식을 10진수 형태로 출력하라는 의미이다. 기본적으로 사용할 몇 가지의 형식 지정자를 다음의 표에서 설명하였다. 이 이외의 다른 형식 지정자는 추후에 설명하기로 하겠다.

표 3-3 형식 지정자

형식 지정자	의미	출력 예
%d	부호있는 10진수 정수형으로 출력	123
%f	소수점 고정형 표기 형식으로 출력	123.45

형식 지정자	의미	출력 예
%lf	double형 실수를 소수점 고정형 표기로 출력	123.45
%c	하나의 문자 출력	A
%s	문자열(여러 개의 문자로 구성) 출력	apple
%o	부호없는 8진수 형태로 출력	257
%x	부호없는 16진수 형태로 출력	4f5a
%e	지수 표기 형식으로 출력	1.23e-3

또한 앞의 예제에서 보았듯이 printf("%d\n", sum); 과 같이 형식제어 문자열에서 \n을 제어 문자라고 한다. 제어문자는 문자가 직접 출력되는 것이 아니라 화면이나 프린터를 제어할 목적으로 사용하는 문자이다. 예를 들어, 화면에 새로운 줄을 만드는 줄바꿈 문자(\n)나 화면에 탭(\t)을 나타내는 문자 등이 있다. 몇 가지 자주 사용하는 제어문자를 다음의 표에 나타내었다. 그 이외의 제어문자는 추후에 설명하기로 하겠다.

표 3-4 제어문자

제어문자	이름	의미
\n	줄바꿈	커서를 다음 라인의 시작 위치로 이동
\t	수평탭	커서를 현재 라인에서 설정된 다음 탭 위치로 이동
\"	큰따옴표	원래의 큰 따옴표 자체
\'	작은따옴표	원래의 작은 따옴표 자체
\\	역슬래시	원래의 역슬래시 자체

■ 데이터의 형 변환

데이터의 형 변환에는 컴파일러가 자동적으로 형 변환을 하도록 맡기는 방법과 프로그래머가 명시적(인위적)으로 형 변환하는 방법이 있다.

자동적인 형 변환은 주로 대입 연산시 우변의 수식 결과값을 좌변의 데이터형으로 변환하여 기억시킬 때 일어난다. 또는 산술 연산을 시도할 때 연산의 대상이 되는 피연산자의 데이터형이 서로 다른 경우에 일어난다. 이 경우에는 데이터형이 큰 쪽으로 형 변환이 이루어진다.

명시적인 형 변환은 프로그래머가 cast 연산자를 사용하여 선언된 변수나 특정 수식에 대하여 인위적으로 형 변환을 할 수 있다. 예를 들어,

```
int x;
float y;

y = (float) x ;
```

에서와 같이 (float) x 에서는 정수 x의 값을 float형으로 변환한 다음 이 값을 변수 y에 저장한다.

예제 3-4

다음 프로그램의 실행 결과를 쓰시오.

프로그램

```
01: #include <stdio.h>
02: int main(void)
03: {
04:     int n=10;
05:     float a=23.4567;
06:     double b=1234.5;
07:     char ch='a';
08:
09:     printf("정수 n = %d\n", n);
10:     printf("실수 a = %f\n", a);
11:     printf("double형 실수 b = %lf\n", b);
12:     printf("문자 ch = %c,   ASCII code = %d\n", ch, ch);
13:
14:     return 0 ;
15: }
```

▶▶▶ **4** : 정수형 변수 n을 선언하면서 10으로 초기화한다.

5 : float형 변수 a를 선언하면서 23.4567로 초기화한다.

6 : double형 변수 b를 선언하면서 1234.5로 초기화한다.

7 : 문자형 변수ch를 선언하면서 알파벳 소문자 a로 초기화한다.

9 : 정수 변수 n의 값 출력.

10 : float형 실수 a의 값을 출력한다. float형 변수를 출력할 때는 형식 지정자로 %f를 사용한다.

11 : double형 실수 b의 값을 출력한다. double형 변수를 출력할 때는 형식 지정자로 %lf를 사용한다.

12 : 문자형 변수 ch의 값을 출력하고, 이 값을 정수형으로 출력하면 변수 ch에 저장되어 있는 문자, 즉 'a'의 ASCII 코드값인 97이 출력된다.

실행결과　　　　　　　　　　　　　　　　　　　　　　　　　　　　　- / ◆ / ×

```
정수 n = 10
실수  a= 23.456700
double형 실수 b= 1234.500000000000
문자 ch = a,  ASCII code = 97
```

예제 3-5

다음 프로그램의 실행 결과를 쓰시오.

프로그램

```
01: #include <stdio.h>
02: int main(void)
03: {
04:     char ch='A';
05:     int x=10, y=20, z;
06:     float a, b;
07:
08:     z = ch + x;       // 문자형 변수 ch는 정수형태로 표시
09:     a = x / y;        // 경고: int형을 float형으로 변환시 오류발생 가능
```

```
10:     b = (float) x / (float) y;

11:

12:     printf("z= %d,  a= %f,  b= %f\n", z, a, b);

13:

14:     return 0 ;

15: }
```

▶▶▶ **4** : 문자형 변수 ch를 선언하면서 대문자 'A'로 초기화한다.

5 : 정수형 변수 x, y, z를 선언하면서 x는 10으로, y는 20으로 초기화한다.

6 : float형 변수 a, b를 선언한다.

8 : 문자형 변수ch는 정수 65으로 표시되므로, 65+10이 되어 75가 변수 z에 저장된다.

9 : 다음 장에서 설명하겠지만, 정수÷정수 연산은 결과값이 정수로 계산된다. 10÷20은 0.5이지만 정수 부분만 남아 0이 된다. 이 정수값을 float형으로 변환할 때 오류가 발생할 수 있다.

10 : 정수 x를 float형으로 바꾸고, 정수 y도 float형으로 바꾸어 나눗셈을 하면 0.5가 된다.

11 : 변수 z, a, b의 결과값을 출력.

실행결과

```
z= 75,   a= 0.000000,   b= 0.500000
```

예제 3-6

현재 자신이 사용하고 있는 컴퓨터에서 char형, int형, float형, double형 데이터의 크기를 byte 단위로 출력하시오. 각 데이터형이 몇 byte를 차지하는지를 알려면 sizeof() 연산자를 사용하면 된다. 이 연산자는 다음 장에서 다시 설명하겠지만 여기서 간단히 설명하겠다.

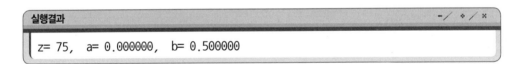

형식	sizeof(변수명); sizeof(데이터형);

sizeof(데이터형)을 사용하면 해당 데이터형의 크기를 byte 단위로 변환하고, 변수명을
사용하면, 그 변수의 데이터형의 크기를 계산한다.

프로그램

```
01: #include <stdio.h>
02: int main(void)
03: {
04:     int x;
05:
06:     printf("변수 x의 크기 : %d 바이트.\n",  sizeof(x));
07:     printf("char형의 크기 : %d 바이트.\n", sizeof(char));
08:     printf("int 형의 크기 : %d 바이트.\n", sizeof(int));
09:     printf("float 형의 크기 : %d 바이트.\n", sizeof(float));
10:     printf("double 형의 크기 : %d 바이트.\n", sizeof(double));
11:
12:     return 0 ;
13: }
```

실행결과　　　　　　　　　　　　　　　　　　　　　　－／ ◇ ／ ✕

```
변수 x의 크기 : 4 바이트.
char 형의 크기 : 1 바이트.
int  형의 크기 : 4 바이트.
float 형의 크기 : 4 바이트.
double 형의 크기 : 8 바이트.
```

1. 사용자가 입력한 문자의 ASCII code 값을 10진수, 8진수, 16진수 형태로 출력하는 프로그램을 작성하시오.

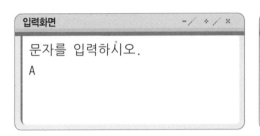

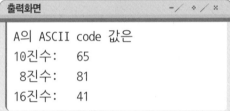

2. 실수 하나를 소수점 표기 방법으로 입력받아, 그 수를 지수 표기 방법으로 출력하는 프로그램을 작성하시오.

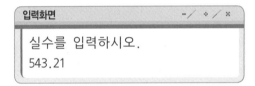

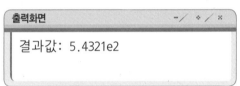

3. 실수 하나를 입력받아, 소수점 표기 방법과 지수 표기 방법으로 출력하는 프로그램을 작성하시오.

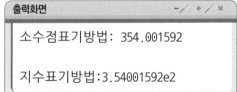

연산자

수식(Expression)이란 피연산자들과 연산자의 조합이다. 연산자(Operator)는 연산을 나타내는 기호이고, 피연산자(Operand)는 연산의 대상이다. 수식 3+5에서 3과 5는 피연산자이고 +는 연산자이다. 가장 간단한 수식은 하나의 상수나 변수로만 이루어진다. 예로 3과 같은 상수나 sum과 같은 변수도 하나의 수식이다. 복합 수식은 단순 수식들이 연산자로 연결된 것이다. 예를 들면 3+5는 단순 수식들이 덧셈 연산자로 연결되어 있다.

C언어에서 모든 수식은 값을 가진다. 단순 수식의 경우, 수식의 값은 상수나 변수의 값이 된다. 예를 들어, 3도 하나의 수식이고 이 수식의 값은 3이다. 복합 수식의 값은 연산 결과가 된다. 예를 들어 수식 3+5의 값은 8이다.

C언어는 상당히 많은 종류의 연산자를 제공하는데, 피연산자의 수에 따라서 단항, 이항, 삼항 연산자로 크게 나눌 수 있다. 또한 연산자의 기능에 따라 대입 연산자, 산술 연산자, 관계 연산자, 논리 연산자, 조건 연산자 등으로 나눌 수 있다.

C언어에서 사용하는 연산자를 그 기능에 따라 다음 표와 같이 분류할 수 있다.

표 4-1 연산자의 종류

연산자의 분류	연산자	의 미
대입	=	오른쪽의 값을 왼쪽 변수에 대입
산술	+ − * / %	사칙 연산과 나머지 연산
부호	+ −	양수, 음수 표시
증감	++ −−	증가, 감소 연산
관계	== != ⟨ ⟨= ⟩ ⟩=	왼쪽과 오른쪽을 비교
논리	&& || !	논리곱(AND), 논리합(OR), 부정(NOT)
조건	?:	조건에 따라 선택
콤마	,	피연산자들을 순차적으로 실행
비트	& | ^ ~ ⟨⟨ ⟩⟩	비트별 AND, OR, XOR, NOT, Shift
sizeof	sizeof	데이터형의 크기를 바이트로 계산
형변환	(type)	변수나 상수의 데이터형을 변환
포인터	* & [ ]	주소계산, 포인터
구조체	. −⟩	구조체의 멤버 참조

4.1 기본적인 산술 연산자

(1) 대입 연산자(Assignment operator)

대입 연산자는 등호(=) 기호를 사용한다. 등호 기호를 사용하는 대입문은 등호의 오른쪽에 있는 수식의 값을 계산하여 그 값을 등호의 왼쪽에 있는 변수에 대입(저장)한다. 오른쪽은 어떠한 수식이라도 가능하며 왼쪽은 반드시 변수 이름이 되어야 한다.

> **형식**   변수 = 수식 ;

예를 들어, n = 3 + 5 ; 와 같은 문장을 쓰면, 이는 등호 기호의 오른쪽에 있는 수식 3+5 를 계산하여 그 결과값인 8 을 변수 n 에 저장시킨다. 수학에서는 기호 = 이 등호이지만, C언어에서는 변수에 값을 대입하는 의미로 사용된다. 따라서 다음과 문장은 수학적으로는 아주 잘못된 문장이다.

```
n = n + 1 ;
```

그러나 C언어에서는 변수 n의 값을 1 증가시켜 그 결과값을 다시 변수 n에 대입하라는 것이다.

대입 연산자도 덧셈이나 뺄셈과 마찬가지로 피연산자가 두 개 있어야 하므로 이항 연산자이고, 대입 연산자가 들어 있는 수식은 값을 가진다. 대입 연산자가 있는 수식의 값은 왼쪽 변수에 저장되는 값이다.

(2) 복합 대입 연산자

복합 대입 연산자는 += 처럼 대입 연산자 = 와 산술 연산자 +를 합쳐 놓은 연산자이다.

a += b 의 의미는 a = a +b 와 같다. 복합 대입 연산자는 프로그램을 간결하게 만들 수 있다.

표 4-2 복합 대입 연산자

복합 대입 연산자	의 미
a += b	a = a + b
a -= b	a = a - b
a *= b	a = a * b
a /= b	a = a / b
a %= b	a = a % b

(3) 산술 연산자

산술 연산자는 이항 연산자로서 덧셈(+), 뺄셈(-), 곱셈(*), 나눗셈(/) 등의 사칙 연산을 하는 연산자와 나머지 값을 구하는 나머지 연산자(%)가 있다. 그리고 단항 연산자로서 피연산자의 부호를 바꾸는 부호 연산자(+, -)와 피연산자의 값을 1만큼 증가시키거나 1만큼 감소시키는 증감 연산자(++, --)가 있다.

산술 연산에서 한 가지 주의해야 할 점은 "정수 / 정수"의 결과는 무조건 정수라는 것이다. 덧셈, 뺄셈, 곱셈에서는 상관없지만, 나눗셈에서는 두 개의 피연산자 모두가 정수인 경우에는 결과값도 정수가 된다는 것을 기억하고 있어야 한다. 예를 들어 6/4는 수학에서는 1.5이지만 C언어에서는 소수점 이하를 잘라버린 1이 된다. 그리고 나머지 연산(%)에서는 실수형은 사용할 수 없고 정수 연산에서만 사용한다.

표 4-3 산술 연산자

연산자	사용형식	의미	예	결과값
+	a+b	a와 b를 더함	8+5	13
-	a-b	a에서 b를 뺌	8-5	3
*	a*b	a와 b를 곱함	8*5	40
/	a/b	a를 b로 나눔	8/5	1
%	a%b	a를 b로 나눈 나머지를 구함	8%5	3

증감 연산자는 단항 연산자이다. 증감 연산자는 피연산자의 앞이나 뒤에 올 수 있으며 앞에 오느냐 또는 뒤에 오느냐에 따라 수식의 값에 차이가 있다. 만약 변수 a의 값을 증가시킬 목적으로만 ++를 사용한다면 ++a나 a++는 동일하다. 그러나 증감 연산자를 적용한 후에 그 연산의 값을 사용할 목적이라면 두 가지를 구분하여야 한다. ++a 는 수식에서 a의 값이 사용되기 전에 일단 a의 값을 1만큼 증가시킨 후 그 값이 수식에서 사용되는 반면, a++인 경우에는 수식에서 a의 값이 사용되고 난 후 마지막에 a의 값이 1만큼 증가하게 된다.

예제 4-1

다음 프로그램의 실행 결과를 쓰시오.

프로그램

```
01: #include <stdio.h>
02: int main(void)
03: {
04:     int x, y ;
05:     x = 1;
06:     printf("수식 x+1의 값은 %d\n", x+1) ;
07:     printf("수식 y=x+2의 값은 %d\n", y=x+2) ;
08:     printf("수식 y= 1+(x=4+5)의 값은 %d\n", y=1+(x=4+5)) ;
09:
10:     return 0 ;
11: }
```

▶▶▶ **4** : 정수 변수 x 와 y 의 선언.

5 : 정수 변수 x에 상수 1을 저장.

6 : 수식 x+1 의 값을 출력.

7 : 수식 y=x+2의 값을 출력. 수식 x+2의 값 3이 계산되어 변수 y에 저장된다. 이 대입문의 결과값 3이 이 수식의 값이 된다.

8 : 수식 y= 1+(x=4+5)의 값을 출력. 수식 (x=4+5)의 결과 값인 9가 계산되어 이 수식의 결과값이 되고, 이것과 1이 더해져서 10 이 최종 결과값이 된다.

실행결과   − / ⋄ / ✕

수식 x+1의 값은 2
수식 y=x+2의 값은 3
수식 y= 1+(x=4+5)의 값은 10

예제 4-2

다음 프로그램의 실행 결과를 쓰시오.

프로그램

```
01: #include <stdio.h>
02: int main(void)
03: {
04:     int x=10, y=3 ;
05:     printf("%d + %d = %d\n", x, y, x+y);
06:     printf("%d - %d = %d\n", x, y, x-y);
07:     printf("%d * %d = %d\n", x, y, x*y);
08:     printf("%d / %d = %d\n", x, y, x/y);
09:     printf("%d %% %d = %d\n", x, y, x%y);
10:     printf("-x = %d\n", -x);
11:
12:     return 0 ;
13: }
```

▶▶▶ **4** : 정수 변수 x 와 y 를 선언하면서 x는 10으로, y는 3으로 초기화한다.

5 : 변수 x와 변수 y의 덧셈을 실행하여 결과값 13을 출력.

6 : 뺄셈을 실행하여 결과값 7을 출력.

7 : 곱셈을 행하여 결과값 30을 출력.

8 : 나눗셈을 실행하여 결과값 3을 출력한다. "정수/정수"이므로 결과값은 정수가 된다.

9 : 10 나누기 3을 하여 그 나머지 1을 출력.

10 : 변수 x의 음수값 -10을 출력.

실행결과 −／ ◇／ ×

```
10 + 3 = 13
10 - 3 = 7
10 * 3 = 30
10 / 3 = 3
10 % 3 = 1
-x = -10
```

예제 4-3

다음의 증감 연산자에 대한 프로그램을 보고 그 실행 결과를 쓰시오.

프로그램

```
01: #include <stdio.h>
02: int main(void)
03: {
04:     int x=5, result ;
05:     printf("x++ = %d\n", x++);
06:     printf("++x = %d\n", ++x);
07:     result = ++x * 2;
08:     printf("result = %d, x = %d\n", result, x);
09:     result = (x++) * 3;
10:     printf("result = %d, x = %d\n", result, x);
11:
12:     return 0 ;
13: }
```

▶▶▶ **4** : 정수 변수 x와 result를 선언하면서 변수 x를 5로 초기화한다.

5 : 변수 x를 1만큼 증가시켜 6을 출력.

6 : 변수 x를 1만큼 다시 증가시켜 7을 출력.

7~8 : 변수 x의 값을 일단 1만큼 증가시킨 후, 2를 곱하여 16과 x의 값 8을 출력.

9~10 : 변수 x의 값 8을 사용하여 24를 계산한 다음, 변수 x의 값을 1만큼 증가시켜 9를 출력.

```
실행결과                                              − / ⊹ / ✕
x++ = 6
++x = 7
result = 16,   x = 8
result = 24,   x = 9
```

4.2 관계 연산자, 논리 연산자, 조건 연산자

(1) 관계 연산자(Relational operator)

관계 연산자는 두 개의 피연산자의 크기를 비교하는 데 사용된다. 예를 들어 "변수 x의 값이 3과 같은가?", "변수 x의 값이 3보다 큰가?" 등을 따지는데 사용된다. 관계 연산자의 결과값은 참(true)이면 1로 되고 거짓(false)이면 0으로 표현된다. C언어에서는 다음과 같이 6가지의 관계 연산자를 사용한다.

표 4-4 관계 연산자

연산	의미
x == y	x 와 y 의 값은 같은가?
x != y	x 와 y 의 값이 다른가?
x < y	x 의 값이 y 보다 작은가?
x <= y	x 의 값이 y 보다 작거나 같은가?
x > y	x 의 값이 y 보다 큰가?
x >= y	x 의 값이 y 보다 크거나 같은가?

(2) 논리 연산자

논리 연산자는 여러 개의 조건을 조합하여 참인지 거짓인지를 판별하는 데 사용한다. 연산자 &&(AND)는 이항 연산자로 양쪽 항이 모두 참일 경우에만 결과가 참이 된다.

이항 연산자 ||(OR)는 양쪽 항 중 어느 하나만 참이어도 결과가 참이 된다. 단항 연산자 !(NOT)은 피연산자가 참이면 거짓이 되고, 피연산자가 거짓이면 참이 되게 하는 연산자이다.

표 4-5 논리 연산자

연산	의미
p && q	AND 연산. p와 q가 모두 참이면 참. 그렇지 않으며 거짓
p || q	OR 연산. p나 q중에 하나만 참이면 참. 모두 거짓이면 거짓
!p	NOT 연산. p가 참이면 거짓. p가 거짓이면 참

(3) 조건 연산자

조건 연산자(? :)는 C언어에서 유일하게 세 개의 피연산자를 가지는 삼항 연산자이다. 조건 연산자의 일반적인 형식은 다음과 같다.

형식	의미
exp1 ? exp2 : exp3	exp1의 값이 참이면 이 수식 전체의 결과는 exp2의 값이 된다. exp1의 값이 거짓이면 이 수식 전체의 결과는 exp3의 값이 된다

예제 4-4

다음 프로그램의 실행 결과를 쓰시오.

프로그램

```
01: #include <stdio.h>
02: int main(void)
03: {
04:     int x=10, y=3 ;
05:
06:     printf("x == y 의 결과값: %d\n",  x==y);
07:     printf("x != y 의 결과값: %d\n",  x!=y);
08:     printf("x < y 의 결과값: %d\n",  x<y);
```

```
09:     printf("x <= y 의 결과값: %d\n",  x<=y);
10:     printf("x > y 의 결과값: %d\n",  x>y);
11:     printf("x >= y 의 결과값: %d\n",  x>=y);
12:
13:     return 0 ;
14: }
```

▶▶▶ **4** : 정수 변수 x 와 y 를 선언하면서 x는 10으로, y는 3으로 초기화한다.

6 : 변수 x와 변수 y의 값이 같지 않으므로 거짓(0) 출력.

7 : 변수 x와 변수 y의 값이 같지 잃으므로 참(1) 출력.

8 : 변수 x의 값이 변수 y의 값보다 크므로 거짓(0) 출력.

9 : 변수 x의 값이 변수 y의 값보다 크므로 거짓(0) 출력.

10 : 변수 x의 값이 변수 y의 값보다 크므로 참(1) 출력.

11 : 변수 x의 값이 변수 y의 값보다 크므로 참(1) 출력.

실행결과

```
x == y 의 결과값: 0
x != y 의 결과값: 1
x < y 의 결과값: 0
x <= y 의 결과값: 0
x > y 의 결과값: 1
x >= y 의 결과값: 1
```

예제 4-5

다음 프로그램의 실행 결과를 쓰시오.

프로그램

```
01: #include <stdio.h>
02: int main(void)
03: {
04:     int a=1, b=0, c=10 ;
```

```
05:
06:     printf("a && b 의 결과값: %d\n",  a&&b);
07:     printf("a || b 의 결과값: %d\n",  a||b);
08:     printf("!a 의 결과값: %d\n",  !a);
09:     printf("(c>0) && (c<20) 의 결과값: %d\n", (c>0)&&(c<20));
10:     printf("(c<0) && (c>20) 의 결과값: %d\n", (c<0)&&(c>20));
11:     printf("(c>0) || (c>20) 의 결과값: %d\n", (c>0)||(c>20));
12:     printf("(c<0) || (c>20) 의 결과값: %d\n", (c<0)||(c>20));
13:
14:     return 0 ;
15: }
```

▶▶▶ **4** : 정수 변수 a, b, c 를 선언하면서 a는 1로, b는 0으로, c는 10으로 초기화한다.

   6 : 수식 a && b 의 결과값 0을 출력.

   7 : 수식 a || b 의 결과값 1을 출력.

   8 : 수식 !a 의 결과값 0을 출력.

   9 : 수식 (c>0) && (c<20) 의 결과값 1을 출력.

   10 : 수식 (c<0) && (c>20) 의 결과값 0을 출력.

   11 : 수식 (c>0) || (c>20) 의 결과값 1을 출력.

   12 : 수식 (c<0) || (c>20) 의 결과값 0을 출력.

실행결과   − / ◇ / ✕

```
a && b 의 결과값: 0
a || b 의 결과값: 1
!a 의 결과값: 0
(c>0) && (c<20) 의 결과값: 1
(c<0) && (c>20) 의 결과값: 0
(c>0) || (c>20) 의 결과값: 1
(c<0) || (c>20) 의 결과값: 0
```

예제 4-6

다음 프로그램의 실행 결과를 쓰시오.

프로그램

```
01: #include <stdio.h>
02: int main(void)
03: {
04:     int x=10, y=3 ;
05:
06:     printf("x 와 y 중에서 큰 값: %d\n",  (x>y) ? x : y );
07:     printf("x 와 y 중에서 작은 값: %d\n",  (x<y) ? x : y );
08:
09:     return 0 ;
10: }
```

▶▶▶ **4** : 정수 변수 x 와 y 를 선언하면서 x는 10으로, y는 3으로 초기화한다.

　　6 : 수식 (x>y) ? x : y 에서 x의 값이 y의 값보다 크므로 두 번째 수식 x의 값이 출력.

　　7 : 수식 (x<y) ? x : y 에서 x의 값이 y의 값보다 크므로 세 번째 수식 y의 값이 출력.

실행결과

```
x 와 y 중에서 큰 값: 10
x 와 y 중에서 작은 값: 3
```

4.3 연산자의 우선 순위와 결합 규칙

하나의 수식에 두 개 이상의 연산자가 사용될 경우 어떤 연산자를 먼저 실행할 것인지에 대한 규칙이 있어야 한다. 이 규칙을 우선 순위(Precedence)라 하는데 우선 순위가 높은 연산자와 낮은 연산자가 한 수식 안에 같이 사용될 경우 우선 순위가 높은 연산자부터 먼저 계산을 하게 된다. 또한 우선 순위가 동일한 연산자들이 한 수식 안에 같이 사용될 경우에는 연산자의 결합 규칙에 따라 계산이 실행된다. 연산자의 우선 순위와 결합 규칙을 다음 표에 정리하였다.

표 4-6 연산자의 우선 순위와 결합 규칙

우선 순위	연산자	결합 규칙
1	( ) { } →. ++(후위) ──(후위)	→(좌에서 우)
2	sizeof &(주소) ++(전위) ──(전위) ~ ! *(역참조) +(부호) −(부호) 형변환	←(우에서 좌)
3	*(곱셈) /(나눗셈) %(나머지)	→(좌에서 우)
4	+(덧셈) −(뺄셈)	→(좌에서 우)
5	《 》	→(좌에서 우)
6	〈 〈= 〉 〉=	→(좌에서 우)
7	＝ !＝	→(좌에서 우)
8	&(비트연산0	→(좌에서 우)
9	^	→(좌에서 우)
10			→(좌에서 우)
11	&&	→(좌에서 우)
12	||	→(좌에서 우)
13	?:(삼항)	←(우에서 좌)
14	＝ −＝ +＝ *＝ /＝ %＝ 《= 》=	←(우에서 좌)
15	, (콤마)	→(좌에서 우)

1. 면적의 단위인 제곱미터를 입력받아 이를 평으로 환산하는 프로그램을 작성하시오. 여기서 1평은 3.3058m² 이다.

입력화면

제곱미터 값을 입력하시오.
132

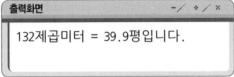

출력화면

132제곱미터 = 39.9평입니다.

2. 섭씨온도를 입력받아 화씨온도로 환산하는 프로그램을 작성하시오. 섭씨온도 C와 화씨온도 F 사이의 관계는 $F = C \times \frac{9}{5} + 32$ 이다.

입력화면

섭씨온도를 입력하시오.
30

출력화면

섭씨 30도 = 화씨 86도입니다.

3. 세 자리 정수를 입력받아 100자리 수, 10자리 수, 1자리 수를 분리하여 출력하는 프로그램을 작성하시오. 즉, 678이 입력되면 6과 7, 그리고 8을 각각 출력되도록 한다.

입력화면

세 자리 정수를 입력하시오.
678

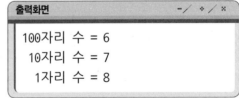

출력화면

100자리 수 = 6
10자리 수 = 7
1자리 수 = 8

4. 세 개의 정수를 입력받아 그 중에서 제일 큰 값을 출력하는 프로그램을 작성하시오. (힌트: 조건 연산자를 사용하시오)

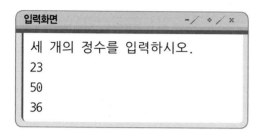

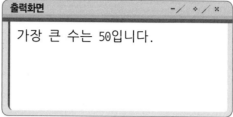

5. 하나의 정수를 입력받아 그 수가 짝수인지 홀수인지를 판별하는 프로그램을 작성하시오. (힌트: 조건 연산자를 사용하시오)

단순 조건문

우리가 일상생활을 살아가는 데 있어서, 가령, 어디를 가야할 때, 배를 타고 가는 게 좋을 지, 아니면 기차를 타고 가는 게 좋을지 망설이는 경우와 같이, 선택 및 결정을 해야 하는 경우가 발생한다.

그림 5-1 선택

또는, 학교에서 야외로 소풍을 가려고 계획을 세웠으나, 소풍 전날 학생들에게는 비가 오지 않을 경우에는 도시락 등을 준비해서 학교 운동장 또는 소풍 장소로 집합하고, 만일 비가 올 경우에는 소풍을 취소하고 학교에서 정상 수업을 한다고 공지하는 경우를 예로 들 수 있다. 그 외에도, 가령 운전면허증을 비롯한 시험에 응시했는데, 합격 점수인 80점 이상인 경우에는 합격자로 판정되어 운전면허증을 발급받을 수 있지만, 80점 미만인 경우에는 불합격자로 판정되어 운전면허증을 발급받을 수 없는 경우 등이 있다.

일반적으로 프로그램에 나열되어 있는 명령문들은 차례대로 실행되는데, 이와 같이 차례대로 실행하는 것은 작업이 매우 단순하거나 또는 예외가 없는 경우에는 별다른 문제가 없지만, 특정 작업을 반복적으로 실행해야 하는 경우 또는, 예외를 처리해야 하는 경우 등에는 매우 비효율적이다. 이러한 문제를 해결하기 위해, C언어에서는 조건문 즉, 특정 조건이 주어졌을 때, 그 조건이 만족되면 지정한 문을 실행하는 조건문을 제공한다. 이 장에서는 조건문으로 If~else문과 If문에 대해 학습하기로 한다.

5.1 If~else문

(1) If~else문의 개요

앞에서 나타낸 예에서와 같이, 비가 올 경우와 비가 오지 않을 경우에 학생들이 취해야 할 행동이 각각 다른 경우, 또는 운전면허증 시험에 있어서 80점 이상인 경우와 그렇지 않은 경우에 따라 운전면허시험 합격 여부가 달라지는 경우 등에 사용하는 조건문이 If~else문이다.

즉, 프로그램을 작성할 때, 어떤 조건이 만족될 경우와 만족되지 않을 경우에 각각 다른 처리를 해야 하는 경우가 발생하는데, 이와 같이 특정 조건이 만족하는지 여부를 판단하는 데 이용하는 문장을 조건문(Condition Statement)이라고 하며, C언어에서는 대표적인 조건문으로 If~else문을 제공하고 있다.

여기서는 C프로그램을 작성하는 데 필요한 If~else문에 대한 순서도와 C언어에서 If~else문을 어떻게 표현하는지에 대해 학습하기로 한다.

■ If~else문과 순서도

순서도로 나타내고자 하는 처리 내용이 다음과 같다고 한다.

■ 처리 내용

운전면허시험에 응시하여, 시험 점수가 80점 이상인 경우에 합격자로 판정되어 운전면허증을 발급하고, 80점 미만인 경우에는 불합격자가 되어 운전면허증 미발급

상기 처리 내용을 순서도로 나타내면 다음과 같다.

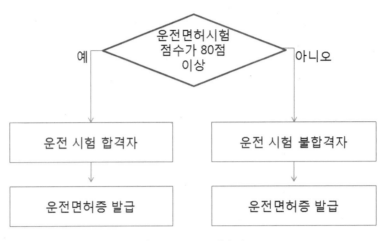

그림 5-2 If~else문의 순서도

■ C언어에서 If~else문의 문법

C언어에서의 If~else문에 대한 문법 표현은 다음과 같으며, 조건문이 성립할 경우, 블록 1을 처리하고, 조건식이 성립하지 않을 경우에 블록 2를 처리하라는 의미를 갖는다. 여기서 주의해야 할 점은 조건식이 성립한다는 것 즉, 참(true)이라는 것은 1을 의미하는 것이 아니라 0 이 아닌 모든 값을 의미한다는 것이다.

| 형식 | ```
if (조건식)
{
    블록 1;
}
else
{
    블록 2;
}
``` |
|---|---|

상기에서, 중괄호에 의해 블록으로 표현된 부분이 한 문장으로만 구성되어 있을 경우에는 블록 처리를 하지 않고, 즉 중괄호 없이 하나의 문장만 기술해도 무방하다. 즉, 다음과 같이 기술할 수 있다.
```

```
if (조건식)
    문장 1;
else
    문장 2;
```

■ If~else문에 대한 순서도와 C 코드

앞의 운전면허증 발급 문제에 대한 순서도를 토대로 C언어 문법에 따라 코드를
작성하면 다음과 같이 작성할 수 있다.

순서도	C프로그램

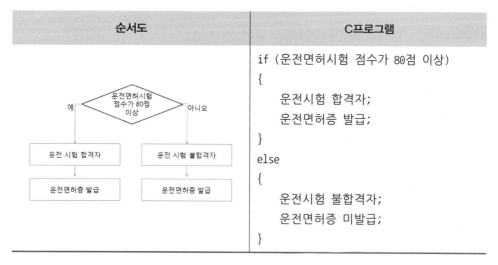	if (운전면허시험 점수가 80점 이상)
	{
	    운전시험 합격자;
	    운전면허증 발급;
	}
	else
	{
	    운전시험 불합격자;
	    운전면허증 미발급;
	}

그림 5-3 If~else문의 순서도와 C코드

■ 조건식의 연산자

If~else문에서 사용되는 조건식의 값이 참(true)인지 거짓(false)인지를 판단하기
위해서는 다음과 같은 관계 연산자와 동치 연산자 그리고 논리 연산자를 이용한다.

표 5-1 IF문의 연산자

구분	연산자	의미
관계 연산자	〈	보다 작다
	〉	보다 크다
	〈=	보다 작거나 같다
	〉=	보다 크거나 같다
동치 연산자	==	같다
	!=	같지 않다
논리 연산자	!	논리 부정(단일 연산자)
	&&	논리 AND
	||	논리 OR

관계 연산자(relational operator)는 이항 연산자로서, 왼쪽의 피연산자와 오른쪽의 피연산자의 순위나 크기를 비교할 때 사용하며, 관계 연산자는 피연산자의 자료형이 일치해야 한다. 즉, 연산을 할 때, 가능한 양쪽의 피연산자 자료형이 같도록 해야 하는데, 자료형이 다를 경우에는 캐스트 연산자를 이용해서 양쪽의 자료형을 일치시켜준 뒤에 연산을 해야 한다.

그리고, 논리 연산자(logical operator)는 논리식을 이용해서 프로그램을 작성할 때 많이 사용한다. 가령, '성이 박씨이고, 주소가 서울에 사는 사람'을 찾아야 할 경우, 먼저 성이 박씨인 사람을 찾고, 그리고 서울에 사는 사람을 찾아서 두 조건을 만족하는 사람만 찾아야 한다. 이때 '~이고'에 해당하는 것이 논리 연산자로서, '~이고'에 &&로 표현하며 '논리AND' 연산자라고 한다. 여기서는 논리 연산자에 포함시키지 않았지만, ^ 연산자도 논리 연산자의 기능을 한다. ^ 연산자는 XOR 연산자로서, 반논리합 연산자이다. 즉, 논리합(OR) 연산자와 반대의 결과를 보여주는 연산자라고 보면 된다.

실습문제　**if~else문**

다음 If~else문의 실습문제에 대해 프로그램을 작성해 봄으로써 조건문에 대한 이해를 하도록 하자.

If~else문에 대한 실습문제의 설명은 다음과 같다.

짝수 홀수 판단 문제로서, 다음과 같은 입력화면에서 키보드를 이용하여 숫자를 입력하였을 때, 입력된 숫자 데이터가 짝수인지 홀수인지를 판단해서, 다음의 출력화면에서와 같이, 짝수인 경우에는, '짝수'라고 출력하고, 홀수인 경우에는 '홀수'라고 출력하는 프로그램을 작성한다.

입력화면과 출력화면은 각각 다음과 같다.

그림 5-4 If~else 실습문제의 입출력 화면

상기 실습문제에 대한 프로그램 작성 단계는 다음과 같다.

Step 1　변수 선언

본 실습문제에서는 키보드에서 하나의 숫자(정수)를 입력받고, 처리 과정에서 처리 결과를 따로 저장하는 등의 필요가 없으므로, 추가로 변수를 필요로 하지 않는다. 따라서, 여기서는

```
int su;
```

라고 정의하면 된다.

Step 2　짝수와 홀수 판단

변수 su에 입력된 숫자가 짝수인지 아니면, 홀수인지 여부를 판단하기 위해서는 다음 방법을 이용하면 된다.

변수 su에 있는 정수를 정수 '2'로 나누어서 나머지가 0이면 짝수이고, 나머지가 1이면 홀수라고 판단할 수 있다. 변수 su에 있는 정수를 정수 '2'로 나누어서 나머지를 계산하기 위해서는 「나머지 계산 연산자 %」를 이용하면 된다.

Step 3 순서도 작성

지금까지의 내용을 순서도로 작성하면 다음과 같다.

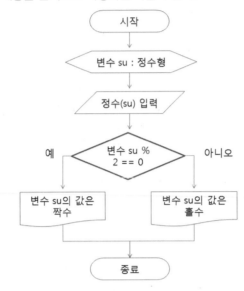

그림 5-5 If~else문 실습문제의 순서도

Step 4 프로그래밍

앞에서 나타낸 순서도를 토대로 프로그램을 작성하면 다음과 같다.

프로그램

```
01: #include <stdio.h>
02: int main(void)
03: {
04:     int su;
05:     printf("정수를 입력하시오\n");
06:     scanf("%d", &su);
07:     if (su%2==0)
08:         printf("입력값 %d는 짝수이다\n", su);
09:     else
10:         printf("입력값 %d는 홀수이다\n", su);
11:
12:     return 0;
13: }
```

예제 5-1　if~else문

여기서는 If~else문과 관련된 예제를 통해 프로그램 작성 실습을 해보기로 한다.

5의 배수 판단 문제로서, 다음의 입력화면에서 정수를 입력하였을 때, 그 정수가 5의 배수인지 여부를 판단해서, 출력화면에서와 같이 "5의 배수이다" 또는 "5의 배수가 아니다"라고 출력하는 프로그램을 작성한다.

입력화면과 출력화면은 각각 다음과 같다.

그림 5-6 예제 5-1의 입출력 화면

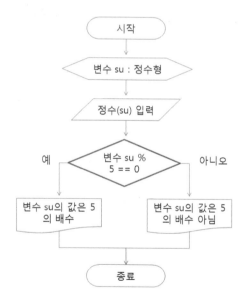

그림 5-7 예제 5-1의 순서도

프로그램

```
01: #include <stdio.h>
02: int main(void)
03: {
04:     int su;
05:     printf("정수를 입력하시오\n");
06:     scanf("%d", &su);
07:     if (su%5==0)
08:         printf("입력값 %d는 5의 배수이다\n", su);
09:     else
10:         printf("입력값 %d는 5의 배수가 아니다\n", su);
11:
12:     return 0;
13: }
```

▶▶▶ **7** : 입력된 값을 5로 나누었을 때, 나머지가 0인 경우에 입력값은 5의 배수

예제 5-2   if-else문

몸무게 정상 여부 판단 문제로서, 다음의 입력화면에서 키와 몸무게를 입력하였을 때, 키에 비해 몸무게가 "정상"인지 "비정상"인지를 판단하는 프로그램을 작성한다. 몸무게의 정상 여부는, 표준 몸무게와 같을 경우에만 정상으로 처리하고, 조금이라도 많거나 적을 경우에는 비정상으로 처리하기로 한다. 그리고, 표준 몸무게를 계산하는 식은 다음과 같다.

> 표준몸무게 = (키-100)*0.9

입력화면과 출력화면은 각각 다음과 같다.

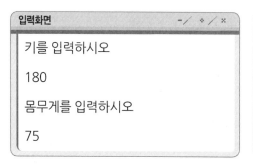
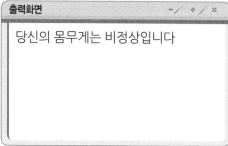

그림 5-8 예제 5-2의 입출력화면

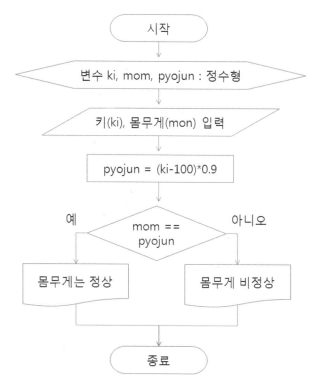

그림 5-9 예제 5-2의 순서도

프로그램

```
01: #include <stdio.h>
02: int main(void)
03: {
04:     int ki, mom, pyojun;
05:     printf("키를 입력하시오\n");
06:     scanf("%d", &ki);
07:     printf("몸무게를 입력하시오\n");
08:     scanf("%d", &mom);
09:     pyojun = (ki-100) * 0.9;
10:     if (mom == pyojun)
11:         printf("당신의 몸무게는 정상입니다\n");
12:     else
13:         printf("당신의 몸무게는 비정상입니다\n");
14:
15:     return 0;
16: }
```

▶▶▶ **9** : 키에 대한 표준 몸무게를 계산하는 식을 이용한 표준 몸무게 계산

10 : 몸무게가 표준 몸무게와 같으면 정상, 그렇지 않을 경우 비정상으로 처리

5.2 If문

앞에서는 비가 올 경우와 비가 오지 않을 경우에 학생이 취해야 하는 행동이 각각 다른 예에 대해 살펴보았지만, 비가 오는 경우에만 학생이 어떤 행동을 취해야 하는지를 기술할 때 어떻게 기술하는지를 살펴보기로 하자.

(1) If문의 개요

If문이란 else가 없는 구조로서, 어떠한 조건이 성립하는 경우에만 어떠한 처리를 할 때 사용하는 구문이다.

■ If문과 순서도

순서도로 나타내고자 하는 처리 내용의 예를 다음과 같다고 한다.

> **처리 내용**
>
> 운전면허시험에 응시하여, 시험점수가 80점 이상인 경우에 합격자로 판정되어 운전면허증을 발급한다.

상기 처리내용을 순서도로 나타내면 다음과 같다.

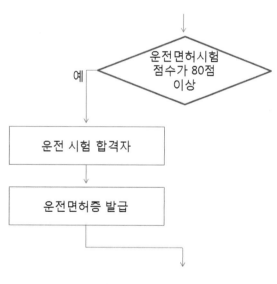

그림 5-10 If문의 순서도

■ C언어에서 If문의 문법

C언어에서의 If문에 대한 문법 표현은 다음과 같으며, 조건문이 성립할 경우에만, 블록 1을 처리하라는 의미를 갖는다.

형식	if (조건식)
	{
	　　블록;
	}

상기에서, 중괄호에 의해 블록으로 표현된 부분이 한 문장으로만 구성되어 있을 경우에는 블록 처리를 하지 않고, 즉 중괄호 없이 하나의 문장만 기술해도 무방하다. 즉, 다음과 같이 기술할 수 있다.

```
if (조건식)
    문장;
```

■ If문에 대한 순서도와 C 코드

앞의 운전면허증 발급 문제에 대한 순서도를 토대로 C언어 문법에 따라 코드를 작성하면 다음과 같이 작성할 수 있다.

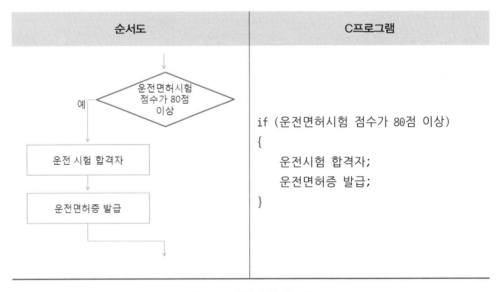

순서도	C프로그램

그림 5-11 If문의 순서도와 코드

다음 If문의 실습문제에 대해 프로그램 작성을 통해 조건문에 대한 이해를 하도록 하자.

If문에 대한 실습 문제의 설명은 다음과 같다.

원 면적 계산 문제로서, 다음과 같은 입력화면에서 키보드를 이용하여 숫자를 입력하였을 때, 입력된 숫자 데이터를 원의 반지름으로 하는 원의 면적을 계산하는 프로그램을 작성한다. 단, 입력된 숫자가 음수인 경우, 원이 존재하지 않기 때문에 계산하지 않는 것으로 한다.

입력화면과 출력화면은 각각 다음과 같다.

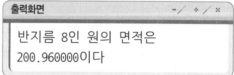

그림 5-12 If문 실습문제의 입출력화면

상기 실습문제에 대한 프로그램 작성 단계는 다음과 같다.

Step 1 변수 선언

본 실습문제에서는 키보드에서 원의 반지름에 해당하는 하나의 숫자를 입력받아야 하고, 원의 면적을 계산하기 위한 변수가 필요하므로, 본 프로그램에서는 두 개의 변수가 필요하다. 원의 반지름은 정수형, 면적은 실수형이어야 한다. 따라서, 여기서는

```
int banjirum;
float myunjuk;
```

라고 정의하면 된다.

Step 2 면적 계산

변수 banjirum에 입력된 숫자가 양수인 경우에만 그 값을 반지름으로 하는 원이 존재하므로, 우선 입력값이 양수인지 여부를 판단해야 한다. 그리고 나서, 입력값이 양수인 경우에만 원의 면적을 계산하는 공식 즉,

```
myunjuk = 3.14 * banjirum * banjirum;
```

을 이용하면 된다.

Step 3 순서도 작성

지금까지의 내용을 순서도로 작성하면 다음과 같다.

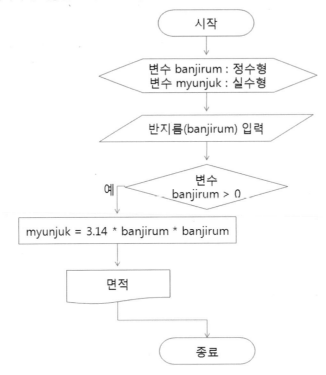

그림 5-13 II문 실습문제의 순서도

Step 4 프로그래밍

앞에서 나타낸 순서도를 토대로 프로그램을 작성하면 다음과 같다.

프로그램

```
01: #include <stdio.h>
02: int main(void)
03: {
04:     int banjirum;
05:     float myunjuk;
06:     printf("원의 반지름을 입력하시오\n");
07:     scanf("%d", &banjirum);
08:     if (banjirum > 0)
09:     {
```

```
10:        myunjuk = 3.14 * banjirum * banjirum;
11:        printf("반지름 %d인 원의 면적은 %f이다\n", banjirum, myunjuk);
12:     }
13:     return 0;
14: }
```

if문

여기서는 If문과 관련된 예제를 통해 프로그램 작성 실습을 해보기로 한다.

사각형 면적 계산 문제로서, 다음과 같은 입력화면에서 키보드를 이용하여 사각형의 밑변과 높이를 입력하였을 때, 밑변과 높이가 모두 짝수인 경우에만 해당 사각형의 면적을 계산하는 프로그램을 작성한다.

입력화면과 출력화면은 각각 다음과 같다.

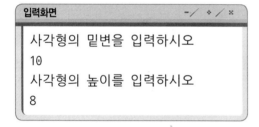
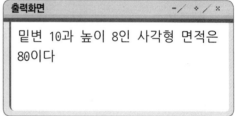

그림 5-14 예제 5-3의 입력과 출력화면

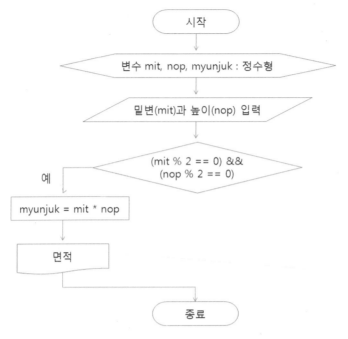

그림 5-15 예제 5-3의 순서도

```
01: #include <stdio.h>
02: int main(void)
03: {
04:     int mit, nop, myunjuk;
05:     printf("사각형의 밑변을 입력하시오\n");
06:     scanf("%d", &mit);
07:     printf("사각형의 높이를 입력하시오\n");
08:     scanf("%d", &nop);
09:     if ((mit%2==0)&&(nop%2==0))
10:     {
11:         myunjuk = mit * nop;
12:         printf("밑변% d과 높이%d인 사각형 면적은 %d이다\n", mit, nop, myunjuk);
13:     }
14:     return 0;
15: }
```

▶▶▶ **9** : 밑변과 높이가 모두 짝수이어야 하므로 밑변과 짝수가 짝수라는 조건(mit%2==0와 nop%2==0)에 대해 논리 연산자를 이용하여 조건식은 다음과 같이 기술하면 된다.
(mit%2==0)&&(nop%2==0)

예제 5-4　**if문**

유치원 입학 판정 문제로서, 다음과 같은 입력화면에서 키보드를 이용하여 유치원에 입학하려는 학생의 나이와 수험 번호가 입력되었을 때, 5세에서 7세까지의 아동만 입학으로 간주하여 합격생의 수험 번호를 출력하는 프로그램을 작성한다.

입력화면과 출력화면은 각각 다음과 같다.

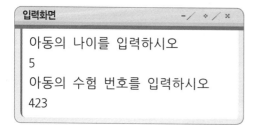

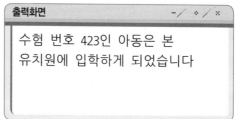

그림 5-16 예제 5-4의 순서도

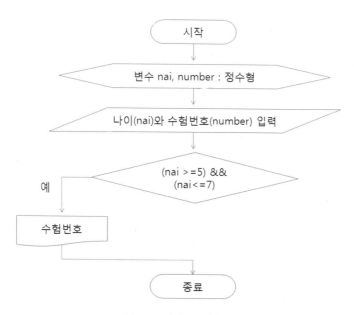

그림 5-17 예제 5-4의 순서도

프로그램

```
01: #include <stdio.h>
02: int main(void)
03: {
04:     int nai, number;
05:     printf("아동의 나이를 입력하시오\n");
06:     scanf("%d", &nai);
07:     printf("아동의 수험 번호를 입력하시오\n");
08:     scanf("%d", &number);
09:     if ((nai>=5)&&(nai<=7))
10:         printf("수험 번호%d인 아동은 본 유치원에 입학하게 되었습니다\n",
    number);
11:
12:     return 0;
13: }
```

▶▶▶ **9** : 유치원의 적령기는 5세~7세이므로, 조건식은 다음과 같이 기술하면 된다.
(nai>=5)&&(nai<=7)

1. 자동차의 과속 판단 문제로서, 다음의 입력화면에서 자동차의 속도가 입력되었을 때, 제한 속도가 70Km/h인 도로를 달리고 있는 자동차가 제한 속도로 달리고 있는지 아닌지를 판단하는 프로그램을 작성한다. 자동차가 70Km/h로 달리고 있을 때만, "정상 주행"이라고 출력하고, 그렇지 않을 경우에는 "비정상 주행"이라고 출력하기로 한다.

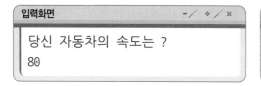

2. 성적 처리 문제로서, 다음 입력화면에서와 같이 국어, 영어, 수학, 컴퓨터의 시험 점수를 입력받고, 다음 출력화면에서와 같이 네 과목의 평균점수 이하인 과목과 해당 과목의 점수를 출력하는 프로그램을 작성한다.

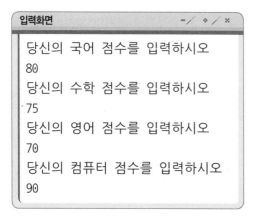

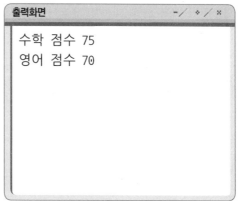

3. 2차 방정식 근계산 문제로서, 다음 화면에서와 같이, 2차 방정식 $ax^2 + bx + c = 0$의 세 계수 a, b, c를 입력받아서, 중근인 경우에만 해당 방정식의 근을 출력하는 프로그램을 작성하시오. 단, a의 값으로 0을 입력하지 않는 것으로 한다.

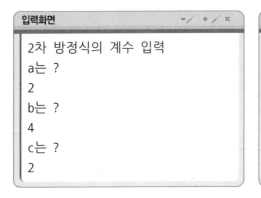

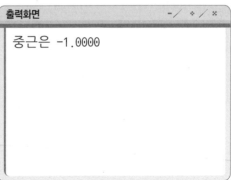

4. 전기 사용 요금 계산 문제로서, 다음 화면에서와 같이 전기 사용량이 입력되었을 때, 전기료를 계산하는 프로그램을 작성하시오. 단, 전기 사용량은 킬로와트 단위의 정수로 입력되며, 전기 사용량은 다음 조건에 의해 계산하기로 한다.

전기사용량	전기료 계산 방법
10킬로와트시(KWh)미만	기본료(2,000원) + (전기 사용량 * 10원)
10킬로와트시(KWh)이상	기본료(5,000원) + (전기 사용량 * 50원)

■ 전기료계산식

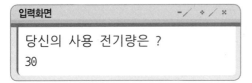

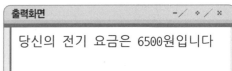

다중 조건문과 switch문

일상생활을 함에 있어, 조건 선택이 한번이 아니라 조건에 따라 선택을 반복해서 해야 하는 경우도 종종 일어나게 된다. 가령, 어디를 가야할 때, 배를 타고 가는 게 좋을지, 아니면 기차를 타고 가는 게 좋을지를 선택해야 하는데, 배를 타는 것으로 결정하고 난 후에는, 크루즈를 탈지 아니면 요트를 타야 할지를 선택해야 하는 경우 등이다.

그림 6-1 다중 선택

또는, 학교에서 수학여행을 가기 위해 다음과 같이 계획을 수립했다고 하자. 참가 학생수가 100명이상이면 수학여행지를 해외로 하고, 100명미만이면 수학여행지를 국내로 한다. 그리고, 만일 비가 올 경우, 해외의 경우 해변 관광을 포함한 외부 일정 대신, 박물관과 미술관 등의 실내 관광으로 대체하고, 국내의 경우 체육관에서의 운동 및 강연회로 대체하는 경우 등을 들 수 있다.

6.1 다중 If~else문

(1) 다중 If~else문의 개요

회사에서 신입 사원을 채용할 때, 남자와 여자에 따라 채용 조건이 다른 경우가 있다고 하자. 남자의 경우, 무조건 채용되고, 여자의 경우에는 학점이 A학점 이상인 경우에만 합격 처리되어 채용되는 경우 등에 사용하는 제어문이 다중 If~else문으로서, else에 If와 조건식이 이어지는 구조를 갖는다.

여기서는 C프로그램을 작성하는데 필요한 다중 If~else문에 대한 순서도와 C언어에서 다중 If~else문을 어떻게 표현하는지에 대해 학습하기로 한다.

■ **다중 If~else문과 순서도**

순서도로 나타내고자 하는 처리 내용이 다음과 같다고 한다.

> **■ 처리 내용**
>
> 신입 사원의 채용 조건은, 남자의 경우 무조건 채용되고, 여자의 경우에는 학점이 A학점 이상인 경우에만 합격 처리되어 채용

상기 처리 내용을 순서도로 나타내면 다음과 같다.

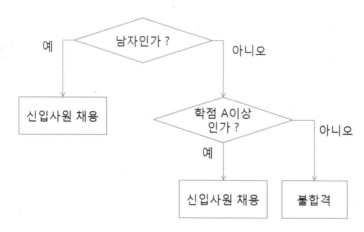

그림 6-2 다중 If~else문과 순서도

■ **C언어에서 다중 If~else문의 문법**

C언어에서의 If~else문에 대한 문법 표현은 다음과 같으며, 조건문이 성립할 경우, 블록 1을 처리하고, 조건식이 성립하지 않을 경우에 블록 2를 처리하라는 의미를 갖는다. 여기서 주의해야 할 점은 조건식이 성립한다는 즉, 참(true)이라는 것은 1을 의미하는 것이 아니라 0 이 아닌 모든 값을 의미한다는 것이다.

형식	if (조건식)
	  {
	     블록 1;
	  }
	else if
	  {
	     블록 2;
	  }
	  else
	    {
	       블록 3;
	    }

■ 다중 If~else문에 대한 순서도와 C 코드

앞의 신입 사원 채용 문제에 대한 순서도를 토대로 C언어 문법에 따라 코드를 작성하면 다음과 같이 작성할 수 있다.

순서도	C프로그램

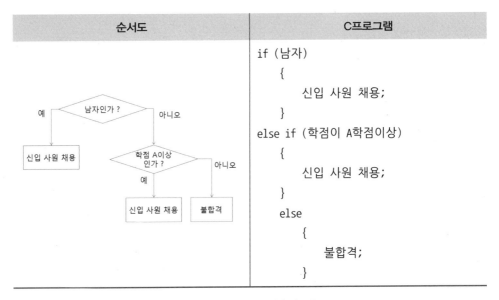	if (남자)
	  {
	     신입 사원 채용;
	  }
	else if (학점이 A학점이상)
	  {
	     신입 사원 채용;
	  }
	  else
	    {
	       불합격;
	    }

그림 6-3 다중 If~else문의 순서도와 코드

　다중 If~else문

다음 다중 If~else문의 실습문제에 대해 프로그램 작성을 통해 다중 If~else문에 대한 이해를 하도록 하자.

다중 If~else문에 대한 실습문제의 설명은 다음과 같다.

학점 등급 계산 문제로서, 다음과 같은 입력화면에서 키보드를 이용하여 시험 점수가 입력되었을 때, 시험 점수에 대한 등급(A학점, B학점, C학점, D학점, F학점)을 판정하는 프로그램을 작성한다.

입력화면과 출력화면은 각각 다음과 같다.

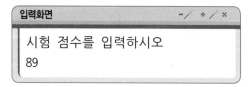

그림 6-4 다중 If~else문 실습문제의 입출력 화면

상기 실습문제에 대한 프로그램 작성 단계는 다음과 같다.

Step 1 변수 선언

본 실습문제에서는 키보드에서 하나의 시험 점수(정수)를 입력받고, 처리 과정에서 처리 결과를 따로 저장하는 등의 필요가 없으므로, 추가로 변수를 필요로 하지 않는다. 따라서, 여기서는

```
int jumsu;
```

라고 정의하면 된다.

Step 2 학점 판정

변수 jumsu에 입력된 성적에 대해 등급을 판정하기 위해서는 다음 방법을 이용하면 된다.

변수 jumsu에 있는 시험 점수가 90점 이상이면 A학점, 그렇지 않고 80점 이상이면 B학점, 그렇지 않고, 70점 이상이면 C학점, 그렇지 않고 60점 이상이면 D학점, 그렇지 않을 경우에는 F학점으로 처리한다.

Step 3 순서도 작성

지금까지의 내용을 순서도로 작성하면 다음과 같다.

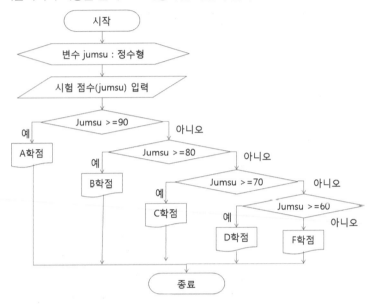

그림 6-5 다중 If~else 실습문제의 순서도

Step 4 프로그래밍

앞에서 나타낸 순서도를 토대로 프로그램을 작성하면 다음과 같다.

프로그램

```
01: #include <stdio.h>
02: int main(void)
03: {
04:     int jumsu;
05:     printf("시험 점수를 입력하시오\n");
06:     scanf("%d", &jumsu);
07:     if (jumsu >= 90)
08:         printf("당신의 시험 점수 %d는 A학점입니다\n", jumsu);
09:     else if (jumsu >= 80)
10:           printf("당신의 시험 점수 %d는 B학점입니다\n", jumsu);
11:       else if (jumsu >= 70)
12:             printf("당신의 시험 점수 %d는 C학점입니다\n", jumsu);
```

```
13:            else if (jumsu >= 60)
14:                 printf("당신의 시험 점수 %d는 D학점입니다\n", jumsu);
15:            else
16:                 printf("당신의 시험 점수 %d는 F학점입니다\n", jumsu);
17:     return 0;
18: }
```

예제 6-1　**다중 If~else문**

여기서는 다중 If~else문과 관련된 예제를 통해 프로그램 작성 실습을 해보기로 한다.

몸무게의 과체중 여부 판단 문제로서, 몸무게 다음의 입력화면에서 몸무게와 키가 입력되었을 때, 키에 대한 표준 몸무게에 비해 몸무게가 정상인지, 아니면 과체중한지, 아니면 저체중인지 여부를 판단하는 프로그램을 작성한다. 단, 표준 몸무게 = (키-100)*0.9이고, 몸무게가 표준 몸무게±5인 경우, "정상"으로 판단하는 것으로 한다. 입력화면과 출력화면은 각각 다음과 같다.

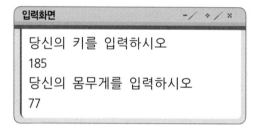
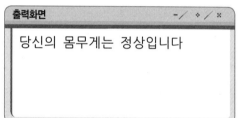

그림 6-6 예제 6-1의 입출력화면

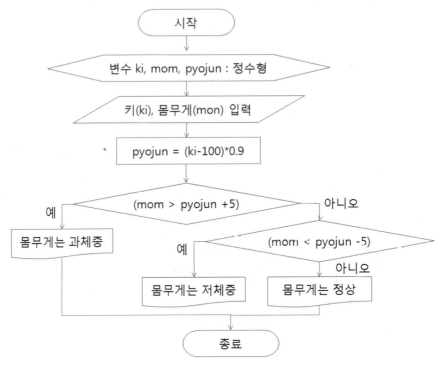

그림 6-7 예제 6-1의 순서도

프로그램

```
01: #include <stdio.h>
02: int main(void)
03: {
04:     int ki, mom;
05:     float pyojun;
06:     printf("당신의 키를 입력하시오\n");
07:     scanf("%d", &ki);
08:     printf("당신의 몸무게를 입력하시오\n");
09:     scanf("%d", &mom);
10:     pyojun=(ki-100)*0.9;
11:     if (mom > (pyojun +5))
12:         printf("당신의 몸무게는 키에 비해 과체중입니다\n");
13:     else if (mom < (pyojun -5))
14:             printf("당신의 몸무게는 키에 비해 저체중입니다\n");
15:         else
```

```
16:            printf("당신의 몸무게는 정상입니다\n");
17:     return 0;
18: }
```

▶▶ **11** : (몸무게 > (표준 몸무게 + 5kg))이면 과체중이 된다

　13 : (몸무게 < (표준 몸무게 - 5kg))이면 저체중이 되고, 그렇지 않으면 몸무게가 표준 몸무게±5로 되어 정상이 된다.

예제 6-2　다중 If~else문

예금액 계산 문제로서, 다음의 입력화면에서 예금액과 예금 기간이 입력되었을 때, 예금 기간 만료시의 이자를 포함하여 총 수령액이 얼마인지를 계산하는 프로그램을 작성하시오. 단, 이자는 다음 조건에 따라 계산하는 것으로 한다.

■ **이자 계산 조건식**

기간	이자
10년 이상	년 20%
3년 ~ 9년	년 10%
2년 이하	년 5%

입력화면과 출력화면은 각각 다음과 같다.

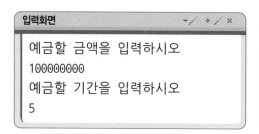

그림 6-8 예제 6-2의 입출력 화면

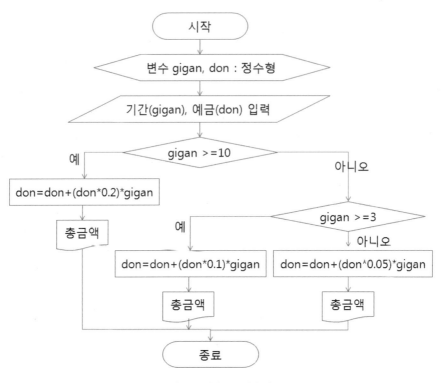

그림 6-9 예제 6-2의 순서도

프로그램

```
01: #include <stdio.h>
02: int main(void)
03: {
04:     int gigan, don;
05:     printf("예금할 금액을 입력하시오\n");
06:     scanf("%d", &don);
07:     printf("예금할 기간을 입력하시오\n");
08:     scanf("%d", &gigan);
09:     if (gigan>=10)
10:     {
11:         don=don+(don*0.2)*gigan;
12:         printf("당신이 찾을 예금액은 총%d원입니다\n", don);
13:     }
14:     else if (gigan>=3)
```

```
15:          {
16:               don=don+(don*0.1)*gigan;
17:               printf("당신이 찾을 예금액은 총%d원입니다\n", don);
18:          }
19:          else
20:          {
21:               don=don+(don*0.05)*gigan;
22:               printf("당신이 찾을 예금액은 총%d원입니다\n", don);
23:          }
24:     return 0;
25: }
```

▶▶▶ **9** : 예금할 기간이 10년 이상이면 이자는 (예금액*0.2)*예금 기간이 된다

14 : 예금할 기간이 3년 이상이면 이자는 (예금액*0.1)*예금 기간이 되고, 그렇지 않으면 이자는 (예금액*0.05)*예금 기간이 된다.

6.2 switch문

앞에서 살펴본 바와 같이, C언어에서 조건식에 의해 조건 판단을 계속해서 해야 하는 경우를 다중 If~else문으로 기술하는데, 하나의 조건에 의해 여러 가지 실행문 중 한 가지를 실행할 수 있는 명령문으로 switch문이 있다.

가령, 입력된 숫자에 따라 A ~ E를 출력하는 문제에 대한 순서도와 C코드를 나타내면 다음과 같다. 다음에 나타낸 순서도와 C코드를 보면 알 수 있는 바와 같이, 조건 판단을 여러 번 반복해서 해야 하는 경우, 순서도와 프로그램이 매우 복잡해져서 순서도 및 프로그램을 읽고 구조를 이해하는 것이 용이하지 않다는 문제점을 안고 있다.

순서도	C 프로그램
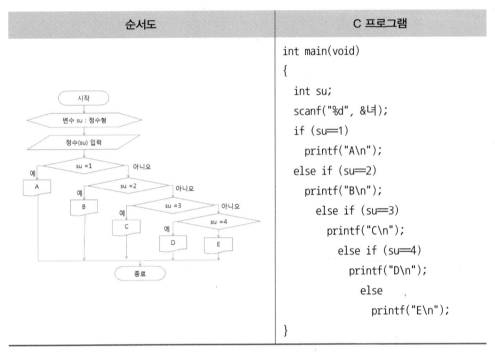	```\nint main(void)\n{\n int su;\n scanf("%d", &녀);\n if (su=1)\n printf("A\n");\n else if (su=2)\n printf("B\n");\n else if (su=3)\n printf("C\n");\n else if (su=4)\n printf("D\n");\n else\n printf("E\n");\n}\n```

그림 6-10 다중 If~else 문의 문제점

C언어에서는 다중 If~else문이 갖는 문제점을 해결하기 위하여 switch문을 제공하고 있는데, 여러 개의 조건 중에서 만족하는 하나를 택해서 명령문을 실행하는 제어문인 switch문을 이용하면 보다 간결하게 나타낼 수 있다.

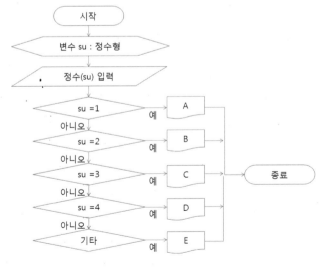

그림 6-11 switch문의 순서도

If~else문은 첫 번째 if 문부터 차례대로 검사를 하면서 조건식에 맞는 것이 나올 때마다 실행하는데 비해, switch문은 여러 개의 case절 중에서 하나의 case절만을 사용한다는 점이 다르다.

(1) switch문의 개요

switch문이란 어떠한 조건이 성립하는 경우에만 어떤 처리를 할 때 사용하는 구문으로서, 앞에 언급한 If~else문의 간략화된 구조라고 할 수 있다.

■ C언어에서 switch문의 문법

C언어에서의 switch문에 대한 문법 표현은 다음과 같으며, 조건문이 성립할 경우에만, 블록 1을 처리하라는 의미를 갖는다. switch문 다음에 오는 수식에는 상수와 변수 또는 수식이 올 수 있으며, 수식의 값에 의해 case절 뒤에 나오는 값으로 분기되어 해당 문장들을 수행한다. 그리고, case절에 올 수 있는 값은 반드시 정수 상수이어야 하며, 만일, 실수나 변수를 사용할 경우 컴파일 오류가 발생한다.

형식	switch(수식)
	{
	　　　　case 값1 : 문장1; 문장2; …; 문장n; break;
	　　　　case 값2 : 문장1; 문장2; …; 문장n; break;
	　　　　case 값3 : 문장1; 문장2; …; 문장n; break;
	　　　　．
	　　　　case 값n : 문장1; 문장2; …; 문장n; break;
	　　　　default : 문장1; 문장2; …; 문장n;
	　　}

상식 넓히기

― break문

switch문에서는 수식값에 따라 해당되는 case절에 있는 문장만을 실행해야 한다. break문에 의해, 선택된 case절에 있는 문장들만을 실행할 수 있게 되는데, 만일 break문이 없으면 선택된 case절에 있는 문장들을 실행한 후, 계속해서 다음 case절에 있는 문장들을 실행하게 된다. 따라서, 마지막 case절을 제외한 모든 case절에서는 break문이 포함되어야 한다.

― default문

default문은 '기타'라는 의미의 문으로서, 어떤 case절과도 조건이 일치하지 않는 경우에 선택되어 실행되는 문장이다. 만약, default문이 없고, 일치하는 case절이 없을 경우 아무 것도 실행되지 않는다.

■ switch문에 대한 순서도와 C 코드

앞의 운전면허증 발급 문제에 대한 순서도를 토대로 C언어 문법에 따라 코드를 작성하면 다음과 같이 작성할 수 있다.

순서도	C프로그램

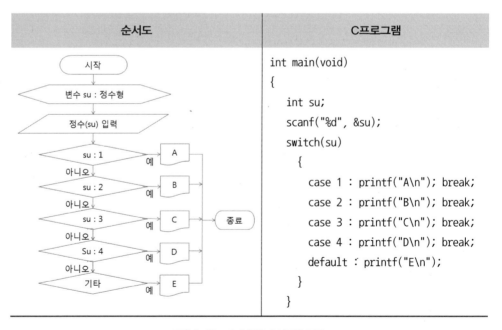

그림 6-12 switch문의 순서도와 코드

실습문제　　**switch문**

다음 switch문의 실습문제에 대해 프로그램을 작성해 봄으로써 switch문에 대한 이해를 하도록 하자.

switch문에 대한 실습문제의 설명은 다음과 같다.

학점 등급 판정 문제로서, 다음과 같은 입력화면에서 키보드를 이용하여 시험 점수가 입력되었을 때, 시험 점수의 등급(A학점, B학점, C학점, D학점, F학점)을 판정하는 프로그램을 작성한다. 단, switch문을 이용하는 것으로 한다.

입력화면과 출력화면은 각각 다음과 같다.

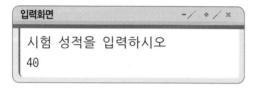

그림 6-13 switch문 실습문제의 입출력 화면

상기 실습문제에 대한 프로그램 작성 단계는 다음과 같다.

Step 1　변수 선언

본 실습문제에서는 키보드에서 하나의 시험 점수(정수)를 입력받고, 처리 과정에서 처리 결과를 따로 저장하는 등의 필요가 없으므로, 추가로 변수를 필요로 하지 않는다. 따라서, 여기서는

```
int jumsu;
```

라고 정의하면 된다.

Step 2　등급 계산

A학점은 90점이상이므로 점수를 정수 10으로 나누었을 때, 몫이 9와 10인 경우에 해당되고, B학점은 점수를 정수 10으로 나누었을 때 몫이 8인 경우에 해당된다. C학점과 D학점에 대해서도 마찬가지 방법으로 계산할 수 있으므로 switch문의 수식에

```
jumsu/10
```

이라고 기술하면 된다.

Step 3 순서도 작성

지금까지의 내용을 순서도로 작성하면 다음과 같다.

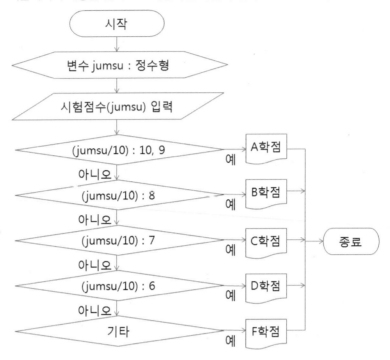

그림 6-14 switch문 실습문제의 순서도

Step 4 프로그래밍

앞에서 나타낸 순서도를 토대로 프로그램을 작성하면 다음과 같다.

프로그램

```
01: #include <stdio.h>
02: int main(void)
03: {
04:     int jumsu;
05:     printf("시험 성적을 입력하시오\n");
06:     scanf("%d", &jumsu);
07:     switch (jumsu/10)
08:     {
09:         case 10 :
10:         case  9 : printf("A학점입니다\n"); break;
```

```
11:        case  8 : printf("B학점입니다\n"); break;
12:        case  7 : printf("C학점입니다\n"); break;
13:        case  6 : printf("D학점입니다\n"); break;
14:        default  : printf("F학점입니다\n");
15:    }
16:    return 0;
17: }
```

예제 6-3 switch문

여기서는 switch문과 관련된 예제를 통해 프로그램 작성 실습을 해보기로 한다.

남자 여자 판정 문제로서, 주민등록번호 뒷자리의 첫 번째 숫자(주민등록번호 901212-1234567의 1)에 의해 남자인지 여자인지를 판단할 수 있다. 여기서는, 1일 때 남자, 2일 때 여자로 판단하기로 한다. 다음과 같은 입력화면에서 키보드를 이용하여 주민등록번호 뒷자리의 첫 번째 숫자가 입력되었을 때, 남자인지 여자인지를 판단하는 프로그램을 작성하시오. 단, switch문을 이용하는 것으로 한다.

입력화면과 출력화면은 각각 다음과 같다.

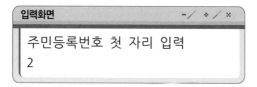 

그림 6-15 예제 6-3의 입출력 화면

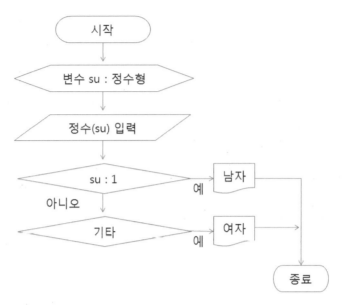

그림 6-16 예제 6-3의 순서도

프로그램

```
01: #include <stdio.h>
02: int main(void)
03: {
04:     int su;
05:     printf("주민등록번호 첫 자리 입력\n");
06:     scanf("%d", &su);
07:     switch (su)
08:     {
09:         case 1 : printf("당신은 남자입니다\n"); break;
10:         default : printf("당신은 여자입니다\n");
11:     }
12:     return 0;
13: }
```

▶▶▶ **7** : 입력된 수가 1이면 남자이고, 2이면 여자이므로, 단순히 case의 상수가 1인 경우와 그 외의
경우로 구분하여 각각 남자와 여자를 출력하면 된다.

예제 6-4   switch문

덧셈 뺄셈용 문제로서, 다음과 같은 입력화면에서 키보드를 이용하여 두 개의 숫자와
연산자(+ 또는 -)가 입력되었을 때, 해당하는 연산자에 따라 두 수에 대한 연산을 하는
프로그램을 작성한다.

입력화면과 출력화면은 각각 다음과 같다.

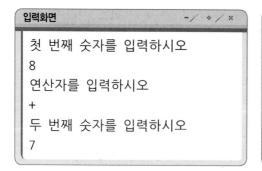
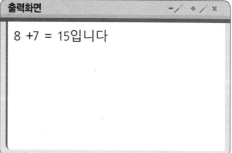

그림 6-17 예제 6-4의 입출력 화면

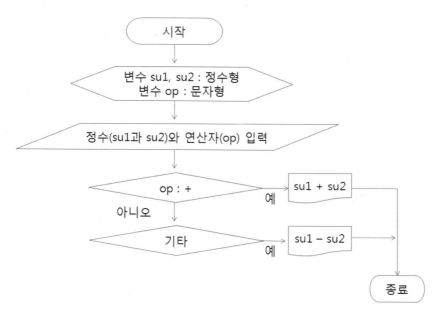

그림 6-18 예제 6-4의 순서도

프로그램

```
01: #include <stdio.h>
02: int main(void)
03: {
04:     int su1, su2;
05:     char op;
06:     printf("첫 번째 숫자를 입력하시오\n");
07:     scanf("%d", &su1);
08:     fflush(stdin);
09:     printf("연산자를 입력하시오\n");
10:     scanf("%c", &op);
11:     printf("두 번째 숫자를 입력하시오\n");
12:     scanf("%d", &su2);
13:     switch (op)
14:     {
15:         case '+' : printf("%d + %d = %d입니다\n", su1, su2, su1+su2); break;
16:         default  : printf("%d - %d = %d입니다\n", su1, su2, su1-su2);
17:     }
18:     return 0;
19: }
```

▶▶▶ **8** : 일반적으로 fflush(stdin)을 사용하는 이유는 문자나 문자열을 받기 위한 문(예, scanf("%c",&c))이 '\n'값이 남아 제대로 동작되지 않는 버그가 발생하기 때문에, stdin 내의 값을 지우기 위해서다. 참고로, ANSI로 공인되지 않기 때문에 fflush(stdin)은 VS에서만 사용가능하다.

12 : 입력된 연산자(op)에 의해, "+"기호인 경우에는 덧셈을 수행하고, 그렇지 않은 경우에는 뺄셈을 수행하면 된다.

1. 최대값 계산 문제로서, 다음과 같은 입력화면에서 키보드를 이용하여 세 과목의 시험 점수가
입력되었을 때, 세 개의 점수 중에서 가장 큰 점수를 계산하는 프로그램을 작성한다.

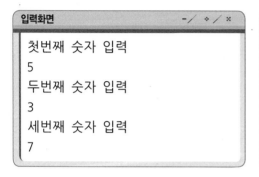

2. 명예 퇴직금 계산 문제로서, 다음과 같은 입력화면에서 키보드를 이용하여 명예 퇴직자의
정년 잔여기간과 연봉이 입력되었을 때, 명예 퇴직금을 계산하는 프로그램을 작성하시오. 단,
명예퇴직금은 다음 계산식에 의해 계산하는 것으로 한다.

■ **명예 퇴직금 계산식**

정년 잔여기간	명예 퇴직금
5년이상	(연봉 + 연봉 * 0.3 * 정년 잔여기간)
2년이상	(연봉 + 연봉 * 0.2 * 정년 잔여기간)
2년미만	(연봉 + 연봉 * 0.1 * 정년 잔여기간)

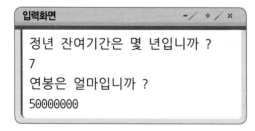

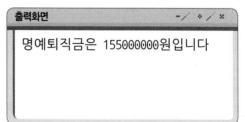

3. 양수 음수 판정 문제로서, 다음과 같은 입력화면에서 키보드를 이용하여 하나의 정수가 입력되었을 때, 해당 정수가 양수인지, 0인지, 음수인지를 판정하는 프로그램을 작성한다.

4. 우편번호에 의한 지역 판정 문제로서, 다음과 같은 입력화면에서 키보드를 이용하여 우편번호의 첫 번째 자리(우편번호 100~250에서 1)가 입력되었을 때, 해당 지역(서울, 경기, 강원, 충청, 경남, 경북, 전라)을 판단하는 프로그램을 작성한다.

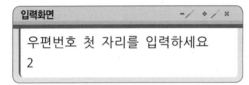

5. 띠 판정 문제로서, 다음과 같은 입력화면에서 키보드를 이용하여 연도가 입력되었을 때, 해당 연도가 무슨 띠인지를 판정하는 프로그램을 작성한다. 서기 1년은 닭띠, 2년은 개띠, 3년은 돼지띠, 4년은 쥐띠, 5년은 소띠로 시작되며, 서기 12년이 원숭이띠가 된다.

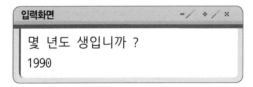

6. 과일 구매 가격 계산 문제로서, 다음 화면에서와 같이 구매한 사과와 배의 개수가 입력되었을 때, 구매 가격을 계산하는 프로그램을 작성하시오. 단, 총 개수가 100개 미만인 경우, 사과와 배의 단가는 각각 50원과 80원이고, 100개 이상인 경우에는 사과와 배의 단가가 각각 30원과 50원이다.

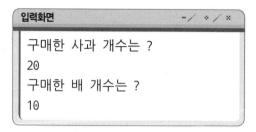

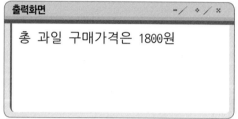

반복문

우리가 일상생활을 해나감에 있어서도 똑같은 일을 계속해서 하기도 하고, 비슷한 일을 계속해서 하기도 한다. 가령, 똑같은 일을 계속해서 하는 경우로는 신문을 여러 집에 배달하는 일이라든가, 우유를 배달하는 일 등이 있다. 또한, 아침에 일어나서 세수하고, 아침 식사를 마친 후, 학교와 직장으로 가서 학교 수업과 직장에서 업무를 수행한다. 그러고 나서, 점심시간에 점심 식사를 하고, 오후에 학교 수업과 직장 업무를 수행한 후, 저녁에 하루 일과를 마치고 각자 귀가하는 우리 생활의 패턴도 반복의 연속이라고 할 수 있다.

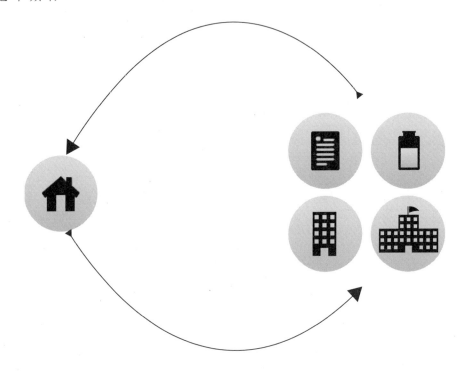

그림 7-1 반복 개념도

프로그램에서 반복이란, 가령, '대한민국'이라는 문자를 10번 반복해서 출력한다든가, '1월'에서부터 '12월'까지를 반복해서 출력하는 경우 또는 10, 20, 30, …, 100까지를 반복해서 출력하는 경우 등에서 반복 행위를 접할 수가 있다. 이 장에서는 C언어에서 제공하는 반복문인 for문과 while문 그리고 do~while문에 대해 학습하기로 한다.

7.1 for문

(1) for문의 개요

'대한민국'을 5번 출력하는 문제와 '2월', '4월', '6월', '8월', '10월'이라는 문자를 출력하는 문제에 대해 생각해 보기로 하자. 반복문의 개념을 이용하지 않고 이들 문제에 대한 순서도를 작성하면 다음과 같다.

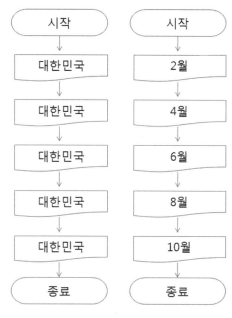

그림 7-2 반복 개념 없는 순서도

상기 문제와 같이 반복 횟수가 많지 않을 때에는 순서도 및 프로그램이 그다지 복잡하지 않겠지만, 반복 횟수가 매우 많을 경우 이를 순서도로 나타내는 것은 용이하지 않고 프로그램도 매우 길어지고 복잡해지는 문제가 있다. 이러한 문제를 해결하기 위한 것이 프로그래밍 언어에서 제공하는 반복문이다.

어떻게 반복 처리를 하는지에 대해 학습하기로 하자. 반복 처리가 가능한지를 판단하기 위해서는 다음과 같은 두 가지 방법을 통해 확인해야 한다.

방법 1 : 순서도상에서 기호의 반복 및 내용 불변 여부

첫 번째 방법으로서, 반복 개념 없이 순서도를 그린 후, 순서도상에서 기호가 단순히 반복되고, 기호안의 내용이 변하는지 여부를 확인하는 것이다. 앞에서 나타낸, '대한민국'을 반복해서 출력하는 문제에 대한 순서도를 보면, 순서도상에서는 출력하라는 기호가 단순히 반복되고, 기호 안의 내용이 변하지 않는다는 것을 알 수 있다. 이와 같은 경우에는, 다음과 같이 표현함으로써 반복 개념을 도입할 수 있다.

그림 7-3 반복 개념 도입 1

방법 2 : 순서도상에서 기호의 반복 및 내용의 규칙적 변화 여부

순서도상에서 기호는 반복되지만 내용이 변하는 경우에는 다음을 확인해 보는 것이 두 번째 방법이다. 즉, 기호 안의 내용이 규칙적으로 변화하는지 여부를 확인하는 것이다. 앞에서 나타낸, '2월'에서 '10월'까지 출력하는 문제에 대한 순서도를 보면, 출력 기호는 반복되지만 출력 기호 안의 내용이 2월에서부터 10월까지 짝수 달을 가리키도록 규칙적으로 변화된다는 것을 알 수 있다. 이 경우, 다음과 같이 표현함으로써 반복 개념을 도입할 수 있다.

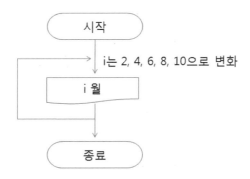

그림 7-4 반복 개념 도입 2

여기서는 for문에 대한 순서도와 C언어에서 for문을 어떻게 표현하는지에 대해 학습하기로 한다.

■ for문과 순서도

순서도로 나타내고자 하는 처리 내용이 다음과 같다고 한다.

> **처리 내용**
>
> 문제 1 : '대한민국'이라는 단어를 모니터에 5번 출력
> 문제 2 : '2월', '4월', '6월', '8월', '10월'이라는 단어를 모니터에 출력

반복 횟수를 미리 알 수 있는 경우에는, 반복 횟수에 대한 내용을 다음과 같이 순서도 상에 나타내면 된다.

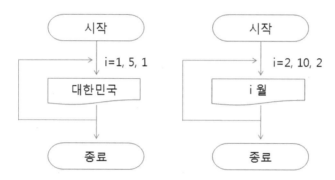

그림 7-5 반복문과 순서도

그림 7-4에 나타낸 순서도에서,

```
 i=1, 5, 1
```

이란 i의 값이 1부터 시작해서 5까지, 1씩 증가한다는 것을 의미한다. 두 번째 예의,

```
 i=2, 10, 2
```

이란 i의 값이 2부터 시작해서 10까지, 2씩 증가한다는 것을 가리킨다.

■ C언어에서 for문의 문법

C언어에서 for문에 대한 문법 표현은 다음과 같다.

형식	for (〈초기식〉;〈조건식〉;〈증감식〉)
	{
	　블록;
	}

상기 문법에서, 〈초기식〉은 for 문을 제어하는 제어변수(control variable)를 초기화하기 위한 것으로서, 〈초기식〉은 단 한 번만 사용된다. 그리고, 〈조건식〉은 반복해야 할 블록 부분을 계속해서 반복할지 여부를 판단하기 위한 식으로서, 〈조건식〉이 싱립할 경우에는 반복해야 할 블록 부분을 실행하고, 성립하지 않을 경우에는 for문에서 빠져나오게 된다. 〈증감식〉은 반복해야 할 부분을 실행한 후. 제어 변수의 값을 증감시키는데 사용되는데, 증감한 후의 제어 변수의 값을 적용하여도 〈조건식〉을 만족하는지를 검사해서 성립할 경우 계속해서 반복해야 할 블록 부분을 실행한다.

■ for문에 대한 순서도와 C 코드

앞에 나타낸 두 가지 문제에 대한 순서도를 토대로 C언어 문법에 따라 코드를 작성하면 다음과 같이 작성할 수 있다.

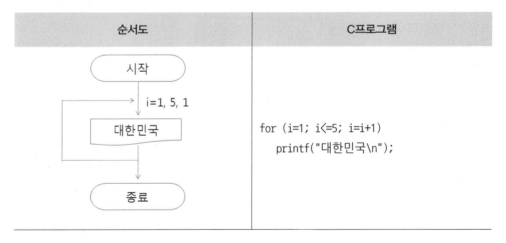

순서도	C프로그램
시작 i=1, 5, 1 대한민국 종료	`for (i=1; i<=5; i=i+1)` 　`printf("대한민국\n");`

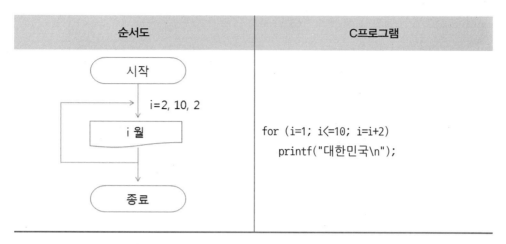

순서도	C프로그램

```
시작

    i=2, 10, 2

    i 월

    종료
```

```
for (i=1; i<=10; i=i+2)
    printf("대한민국\n");
```

그림 7-6 for문의 코드 예

실습문제 **for문**

다음 for문의 실습문제에 대해 프로그램 작성을 통해 for문에 대한 이해를 하도록 하자.

for문에 대한 실습문제의 설명은 다음과 같다.

연도를 출력하는 문제로서, 다음과 같은 출력화면에 연도를 출력하는 프로그램을 작성한다.

출력화면은 다음과 같다.

출력화면
2010년
2011년
2012년
2013년
2014년
2015년
2016년
2017년
2018년
2019년

그림 7-7 for문 실습문제의 출력화면

상기 실습문제에 대한 프로그램 작성 단계는 다음과 같다.

Step 1 변수 선언

본 실습문제에서는 키보드에서 데이터를 입력받을 필요가 없고, 반복문을 제어하기 위한 제어 변수(변수 i)만으로 충분하다. 따라서, 여기서는

```
int i;
```

라고 정의하면 된다.

Step 2 연도의 반복 출력

2010년부터 2019년까지 매 년도를 차례대로 출력하면 되는데, 이 문제를 반복 개념 없는 순서도로 나타낼 경우, 출력을 나타내는 기호의 반복 이용과 함께, 출력 기호 안에 나타나는 문자는 2010년부터 2019년까지 1년씩 규칙적으로 증가하는 순서도로 나타낼 수 있다.

기호가 반복되고 있고, 기호 안에서는 내용이 규칙적으로 변화하기 때문에 반복 개념을 도입할 수 있다는 것을 알 수 있다.

Step 3 순서도 작성

지금까지의 내용을 순서도로 작성하면 다음과 같다.

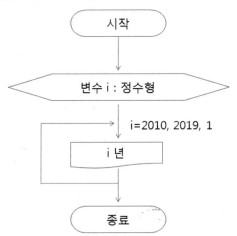

그림 7-8 그림 7-7 for문 실습문제의 순서도

Step 4 프로그래밍

앞에서 나타낸 순서도를 토대로 프로그램을 작성하면 다음과 같다.

126

프로그램

```
01: #include <stdio.h>
02: int main(void)
03: {
04:     int i;
05:     for (i=2010; i<=2019; i=i+1)
06:         printf("%d년\n", i);
07: 
08:     return 0;
09: }
```

예제 7-1 for문

여기서는 for문과 관련된 예제를 통해 프로그램 작성 실습을 해보기로 한다.

5의 배수 출력 문제로서, 5, 10, 15, 20, 25, 30, 35, 40, 45, 50까지의 숫자를 출력하는 프로그램을 작성한다.

출력화면은 각각 다음과 같다.

출력화면
5
10
15
20
25
30
35
40
45
50

그림 7-9 예제 7-1의 출력화면

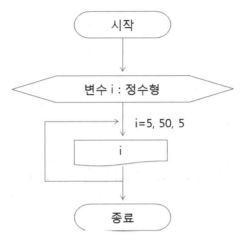

그림 7-10 예제 7-1의 순서도

```
01: #include <stdio.h>
02: int main(void)
03: {
04:     int i;
05:     for(i=5; i<=50; i=i+5)
06:         printf("%d\n", i);
07:
08:     return 0;
09: }
```

▶▶▶ **5** : 출력해야 할 값은 5, 10, 15, …, 50까지의 숫자이므로 for문의 제어 변수인 i의 초기값은 5이고, 제어 변수의 값은 매번 5씩 증가하여 50까지 변화하므로 조건식과 증감식은 각각 i<=50, i=i+5로 하면 된다.

예제 7-2　for문

구구단 출력 문제로서, 다음의 입력화면에서 원하는 구구단의 숫자가 입력되었을 때, 출력화면에서와 같이 구구단을 출력하는 프로그램을 작성한다.

입력화면과 출력화면은 각각 다음과 같다.

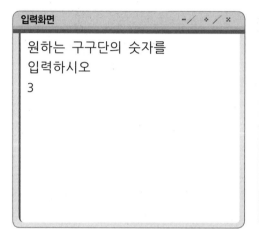
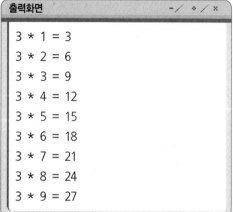

그림 7-11 예제 7-2의 입출력화면

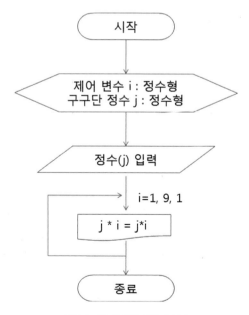

그림 7-12 예제 7-2의 순서도

프로그램

```
01: #include <stdio.h>
02: int main(void)
03: {
04:     int i, j;
05:     printf("출력할 구구단을 입력하시오\n");
06:     scanf("%d", &j);
07:     for(i=1; i<=9; i=i+1)
08:         printf("%d * %d = %d\n", j, i, j*i);
09:
10:     return 0;
11: }
```

▶▶▶ **7** : 출력해야 할 데이터는 j단의 구구단이므로 for문의 제어 변수인 i의 초기값은 1이고, 제어 변수의 값은 매번 1씩 증가하여 9까지 변화하므로 조건식과 증감식은 각각 i<=9, i=i+1로 하면 된다.

7.2 while문

C언어에서는 반복문으로 for문 이외에, while문을 제공하고 있다. for문은 반복 횟수를 미리 알고 있을 때 이용하는데 비해, while문은 반복 조건문을 이용하여 반복 실행 여부를 결정한다.

(1) while문의 개요

■ C언어에서 while문의 문법

C언어에서의 while문에 대한 문법 표현은 다음과 같으며, while문에서는 먼저 조건식을 평가하여 조건식을 만족하면 〈블록〉을 실행하고, 〈블록〉을 실행한 후, 다시 조건식을 검사해서 조건식이 성립하면 〈블록〉을 계속해서 실행한다. 만일, 조건식이 성립하지 않으면 〈블록〉을 실행하지 않고, while문 밖으로 빠져나온다. 따라서, while문은 조건식이 성립하지 않으면 한 번도 반복문이 실행되지 않을 수도 있다.

형식

```
while(조건식)
{
    블록;
}
```

- **while문에 대한 순서도와 C 코드**

여기서는 다음의 문제에 대해 while문을 이용한 순서도 작성과 함께, C언어 문법에 따라 코드를 작성해 보기로 한다.

처리 내용

1에서 100사이에 있는 3의 배수의 합을 계산

상기 예제에 대해 while문을 이용한 순서도로 나타내면 다음과 같다.

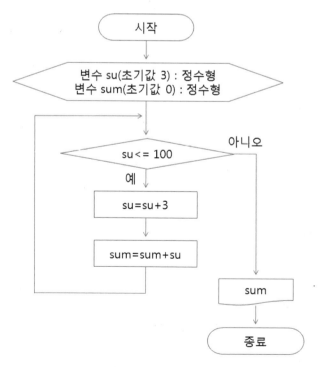

그림 7-13 while문의 순서도

상기 순서도를 while문을 이용하여 C코드로 작성하면 다음과 같다.

```c
#include <stdio.h>
int main(void)
{
    int su=3, sum=0;
    while (su<=100)
    {
        su=su+3;
        sum=sum+su;
    }
    printf("1에서 100사이에 있는 3의 배수의 합은 %d이다\n", sum);

    return 0;
}
```

실습문제 **while문**

다음 while문의 실습문제에 대해 프로그램을 작성해 봄으로써 while문에 대한 이해를 하도록 하자.

while문에 대한 실습문제의 설명은 다음과 같다.

연도를 출력하는 문제로서, 다음과 같은 출력화면에 연도를 출력하는 프로그램을 작성한다. 단, while문을 이용하기로 한다.

출력화면은 각각 다음과 같다.

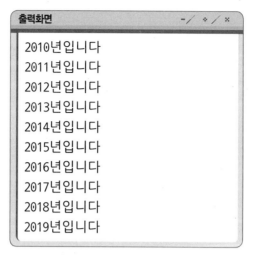

출력화면 − / ＋ / ×

2010년입니다
2011년입니다
2012년입니다
2013년입니다
2014년입니다
2015년입니다
2016년입니다
2017년입니다
2018년입니다
2019년입니다

그림 7-14 while문 실습문제의 출력화면

상기 실습문제에 대한 프로그램 작성 단계는 다음과 같다.

Step 1 변수 선언

본 실습문제에서는 연도를 나타내는 변수만 필요하며, 추가로 다른 변수를 필요로
하지 않는다. 따라서, 여기서는

```
int year;
```

라고 정의하면 된다.

Step 2 연도 출력

연도를 나타내는 변수 year은 2010년으로 초기화된 후, 출력하고, 연도는 1씩
증가하여 매년도를 출력하면 되는데, 2019년까지 증가한 후에는 종료하면 된다.

Step 3 순서도 작성

지금까지의 내용을 순서도로 작성하면 다음과 같다.

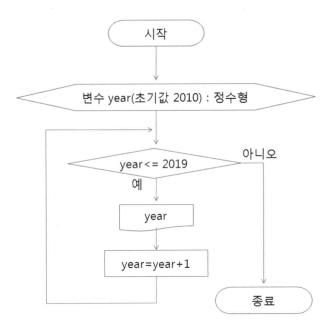

그림 7-15 while문 실습문제의 순서도

Step 4 프로그래밍

앞에서 나타낸 순서도를 토대로 프로그램을 작성하면 다음과 같다.

프로그램

```
01: #include <stdio.h>
02: int main(void)
03: {
04:     int year=2010;
05:     while (year<=2019)
06:     {
07:         printf("%d년입니다\n", year);
08:         year=year+1;
09:     }
10:
11:     return 0;
12: }
```

예제 7-3 while문

여기서는 while문과 관련된 예제를 통해 프로그램 작성 실습을 해보기로 한다.

구구단 출력 문제로서, 다음의 입력화면에서 원하는 구구단의 숫자가 입력되었을 때, 출력화면에서와 같이 구구단을 출력하는 프로그램을 작성한다.

입력화면과 출력화면은 각각 다음과 같다.

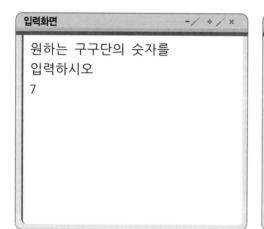
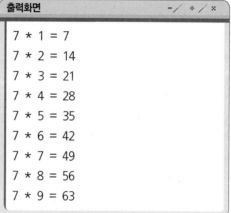

그림 7-16 예제 7-3의 입출력 화면

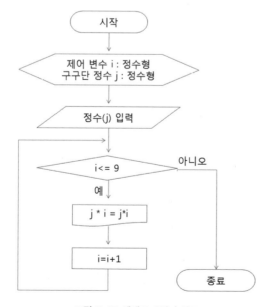

그림 7-17 예제 7-3의 순서도

```
01: #include <stdio.h>
02: int main(void)
03: {
04:     int i=1, j;
05:     printf("출력할 구구단을 입력하시오\n");
06:     scanf("%d", &j);
07:     while (i<=9)
08:     {
09:         printf("%d * %d = %d\n", j, i, j*i);
10:         i=i+1;
11:     }
12:
13:     return 0;
14: }
```

▶▶▶ **7** : 특정 구구단은 1에서 9까지 반복되며, 이들을 제어하기 위한 변수 i는 9까지 증가하므로, while문에서 조건식은 i<=9로 하면 된다. 반복 실행되어야 할 부분은 구구단의 출력에 이어서, 변수 i의 값을 1씩 증가시키는 것으로 충분하다.

예제 7-4   while문

덧셈 문제로서, 다음과 같은 입력화면에서 키보드를 이용하여 하나의 정수가 입력되었을 때, 1에서부터 입력된 정수까지 3의 배수가 아닌 수를 더한 결과를 출력하는 프로그램을 작성한다.

입력화면과 출력화면은 각각 다음과 같다.

입력화면	-/ ÷ / ✕
하나의 정수 입력하시오 10	

출력화면	-/ ÷ / ✕
총합계는 37입니다	

그림 7-18 예제 7-4의 입출력 화면

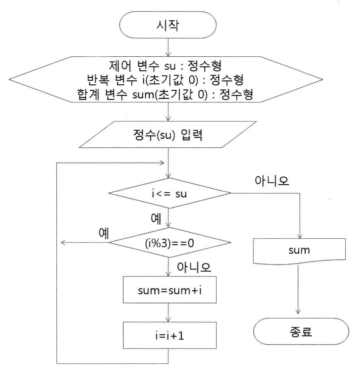

그림 7-19 예제 7-4의 순서도

프로그램

```
01: #include <stdio.h>
02: int main(void)
03: {
04:     int su, i=1, sum=0;
05:     printf("하나의 정수를 입력하시오\n");
06:     scanf("%d", &su);
07:     while (i<su)
08:     {
09:         i=i+1;
10:         if(i%3==0) continue;
11:         sum=sum+i;
12:     }
13:     printf("총합계는 %d입니다\n", sum);
14:
```

```
15:     return 0;
16: }
```

▶▶▶ **7** : 제어 변수 i의 값이 su가 될 때까지 반복해야 하므로 while문의 조건식에서는 i<=su로 하면 된다.

9 : 변수 i의 값을 1 증가시킨다.

10 : i의 값이 3의 배수인지를 체크하여 3의 배수인 경우 while문의 조건으로 분기한다.

11 : i는 3의 배수가 아니므로 합계를 저장하는 변수 sum에 변수i의 값을 더한다.

상식 넓히기

- continue문

반복문에서 continue문을 사용하면 continue문 이하의 문장들은 실행되지 않고, 조건식으로 분기하여, 조건식의 결과에 따라 반복문을 계속해서 실행할지 여부를 결정한다.

for문의 경우, 반복문에서 break문을 만나면, 즉시 실행을 멈추고 반복 구간을 빠져나가지만, continue문을 만나면 증감식을 실행하고, 조건식의 결과에 따라 반복 구간의 실행여부를 판단한다.

while문의 경우, break문에 대해서는 for문과 같이 반복 구간을 즉시 빠져나가지만, continue문의 경우, 조건식으로 분기하여 조건식의 결과에 따라 반복 구간의 실행 여부를 결정한다.

- do~while문

do~while문은 while문과 유사한 반복문의 일종으로서, 다음과 같은 구조를 갖는다.

```
do
{
    블록;
} while (조건식)
```

do~while문은 반복되는 블록을 일단 한 번은 실행한 후, 조건을 검사해서 조건이 성립하면 계속해서 반복하고, 성립하지 않을 경우, 반복문을 빠져나오게 된다. while문의 경우, 먼저 조건식을 검사해서, 조건식이 성립하지 않으면 한번도 실행하지 않는데 비해, do~while문의 경우에는 조건식 검사를 나중에 하므로 조건식이 성립되지 않더라도 한 번은 실행된다는 점이 while문과의 다른 점이다.

1. 임의의 두 정수 사이의 전체 숫자의 합계 문제로서, 다음과 같이 입력화면에서 시작 정수와 종료 정수가 입력되었을 때, 이들 두 정수 사이에 있는 모든 정수의 합을 계산하는 프로그램을 작성한다.

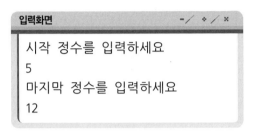

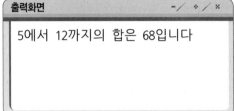

2. 원리금 계산 문제로서, 다음과 같은 입력화면에서 키보드를 이용하여 원금과 이율이 입력되었을 때, 출력화면에서와 같이 원리금이 원금의 두 배가 되거나 최초로 두배가 넘게 되는 햇수와 그때의 원리금을 계산하는 프로그램을 작성한다. 단, n년 후의 원리금 계산 수식은 다음과 같다.

$$원리금 = 원금 * (1+이율)^n$$

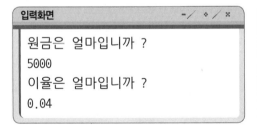

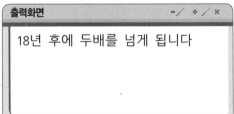

3. 최대 공약수 계산 문제로서, 다음과 같은 입력화면에서 키보드를 이용하여 두 개의 정수가 입력되었을 때, 두 정수의 최대 공약수를 계산하는 프로그램을 작성한다.

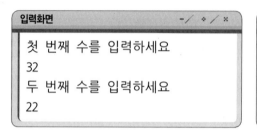

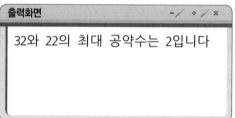

4. 덧셈 계산 문제로서, 1에서 100까지 더하는 도중에 합계가 1000 이상 될 때, 합계와 그 수를 계산해서 다음과 같이 출력화면에 출력하는 프로그램을 작성한다.

5. 짝수 홀수 덧셈 문제로서, 다음과 같은 입력화면에서 키보드를 이용하여 양의 정수가 입력되면 이 숫자 사이에 있는 홀수 합계와 짝수 합계를 계산하는 프로그램을 작성한다.

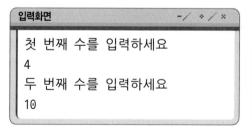

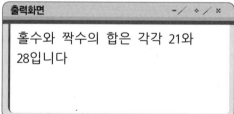

다중 반복문

우리의 일상생활 패턴을 생각해 보면, 계절마다 다를 수가 있지만 우선 일주일 단위로 패턴을 생각해 볼 수 있다. 가령, 5월달 일정은 다음과 같다고 하자. 월요일부터 금요일까지 낮에는 학교라든가 회사 등에 가서 학업과 업무를 수행하고 저녁에는 각 가정으로 돌아가서 하루 일과를 마치고, 주말인 토요일에는 등산을 가고, 일요일에는 낚시를 가는 등 취미 생활을 한다고 하자. 이러한 일주일 단위의 생활을 5월 한달 동안 반복하게 된다. 이러한 패턴을 그림으로 나타내면 다음과 같이 나타낼 수 있으며, 하루하루의 똑같은 생활 패턴이 주 단위 나아가서는 월 단위로 반복된다는 것을 알 수 있다. 이런 것을 다중 반복이라고 한다.

5월						
월	화	수	목	금	토	일
	1	2	3	4	5	6
7	8	9	10	11	12	13
14	15	16	17	18	19	20
21	22	23	24	25	26	27
28	29	30	31			

반복
반복
반복
반복

등산   낚시

그림 8-1 다중 반복

프로그램에서 선택문 내에 선택문이 반복해서 나타날 경우, 다중 선택문이라고 불렀던 것과 마찬가지로, 반복문 내에 반복문이 연속해서 나타날 수 있는데, 반복문 내에 반복문이 연속해서 나타나는 경우를 다중 반복문이라고 한다. 여기서는, 다중 for문을 비롯한 다중 반복문에 대해 학습하기로 한다.

8.1 다중 for문

(1) 다중 for문의 개요

다중 반복문의 개념에 대한 학습을 위해, 다음과 같은 문제에 대해 프로그램을 작성해 보기로 하자.

> ### ■ 처리 내용
>
> 화면에 다음과 같이 출력
>
> ```
> *****
> *****
> *****
> ```

상기와 같이 출력하기 위한 방법으로는 세 가지 방법 즉, 반복문을 전혀 이용하지 않는 방법, 단일 반복문을 이용하는 방법, 다중 반복문을 이용하는 방법이 있을 수 있다.

■ 반복문을 이용하지 않는 방법

가장 간단한 방법으로, 화면에

> ```
> *****
> ```

를 세 번 출력하면 된다는 것을 알 수 있다. 즉, printf문을 이용하여 다음과 같이 작성할 수 있다.

```c
#include <stdio.h>
int main(void)
{
    printf("*****\n");
    printf("*****\n");
    printf("*****\n");
    return 0;
}
```

■ 단일 반복문 이용 방법

상기 프로그램을 보면, printf문이 세 번 반복되고, 내용이 변하지 않는다는 것을 알 수 있다. 따라서, 상기 프로그램에서 printf문에 대해 for문을 이용하여 반복화하면 순서도 및 프로그램을 다음과 같이 작성할 수 있다.

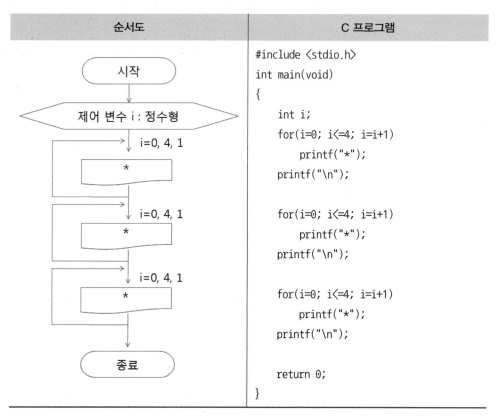

순서도	C 프로그램
| | ```
#include <stdio.h>
int main(void)
{
    int i;
    for(i=0; i<=4; i=i+1)
        printf("*");
    printf("\n");


    for(i=0; i<=4; i=i+1)
        printf("*");
    printf("\n");


    for(i=0; i<=4; i=i+1)
        printf("*");
    printf("\n");


    return 0;
}
``` |

그림 8-2 단일 반복문 이용시

■ 다중 반복문 이용 방법

그림 8-2에 나타낸 단일 반복문을 이용한 순서도를 살펴보면, 동일 구조 즉, for문으로 구성된 반복 구조 부분이 내용의 변화없이 3번 계속해서 반복된다는 것을 알 수 있다. 따라서, 반복문을 구성하는 방법에 따라, 이 부분을 반복문으로 구성할 수 있다. 이와 같은 형태를 다중 반복문이라고 한다.
```

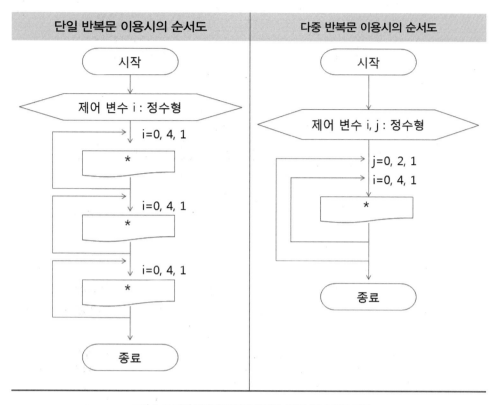

그림 8-3 단일 반복문과 다중 반복문 이용시의 순서도 비교

안쪽에 있는 반복문을 내부 반복문(inner loop)라고 하고, 바깥쪽에 있는 반복문을 외부 반복문(outer loop)이라고 한다. 내부 반복문은 외부 반복문이 한 번 반복할 때마다 새로이 실행된다. 다중 반복문을 이용하여 프로그램을 작성할 때에는 각 반복문을 제어하는 제어 변수가 달라야 한다는 점을 주의해야 한다.

다중 반복문을 이용한 프로그램은 다음과 같다.

```c
#include <stdio.h>
int main(void)
{
    int i, j;
    for(j=0; j<=2; j=j+1)
    {
        for(i=0; i<=4; i=i+1)
```

```
    {
         for(i=0; i<=4; i=i+1)
             printf(" * ");
         printf(" \n ");
    }
    return 0;
}
```

실습문제 **다중 for문**

다중 for문의 실습문제에 대한 프로그램 작성을 통해 다중 for문에 대한 이해를 하도록 하자.

다중 for문에 대한 실습문제의 설명은 다음과 같다.

정수를 출력하는 문제로서, 다음과 같은 출력화면에 0 ~ 99사이에 있는 정수를 출력하는 프로그램을 작성한다.

출력화면은 다음과 같다.

그림 8-4 다중 for문 실습문제의 출력화면

상기 실습문제에 대한 프로그램 작성 단계는 다음과 같다.

Step 1　변수 선언

출력화면을 보면, 각 정수의 1의 자리는 왼쪽에서 오른쪽 방향으로 0에서 9까지 1씩 증가한다는 것을 알 수 있고, 10의 자리는 위쪽에서 아래쪽 방향으로 0에서 9까지 증가한다는 것을 알 수 있다. 따라서, 여기서는 이들을 제어하기 위해 두 개의 변수가 필요하다는 것을 알 수 있다. 두 개의 변수는

```
int i, j;
```

라고 정의하면 된다.

Step 2　정수 출력

출력화면의 첫 번째 줄에서는 0에서부터 9까지가 출력되고, 두 번째 줄부터는 1의 자리수는 변하지 않고 10의 자리수가 반복해서 증가한다는 것을 알 수 있다. 즉, 1의 자리수를 제어하기 위한 변수(i라고 하자)는 내부 반복문을 제어하도록 하고, 10의 자리수를 제어하기 위한 변수(j라고 하자)는 외부 반복문을 제어하도록 하되, 0에서부터 9까지의 값을 갖는 두 변수를 이용하여 각 정수를 표시하기 위해서는 다음의 수식을 이용하면 된다.

```
j*10 + i
```

Step 3　순서도 작성

지금까지의 내용을 순서도로 작성하면 다음과 같다.

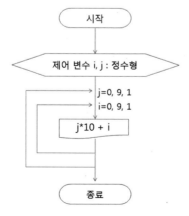

그림 8-5 다중for문 실습문제의 순서도

Step 4 프로그래밍

앞에서 나타낸 순서도를 토대로 프로그램을 작성하면 다음과 같다.

프로그램

```
01: #include <stdio.h>
02: int main(void)
03: {
04:     int i, j;
05:     for(j=0; j<=9; j=j+1)
06:     {
07:         for(i=0; i<=9; i=i+1)
08:             printf("%3d", j*10+i);
09:         printf("\n");
10:     }
11:     return 0;
12: }
```

예제 8-1 **다중 for문**

여기서는 다중 for문과 관련된 예제를 통해 프로그램 작성 실습을 해보기로 한다.

문자(#) 출력 문제로서, 다음 출력화면에서와 같이 문자를 출력하는 프로그램을 작성한다.

출력화면은 각각 다음과 같다.

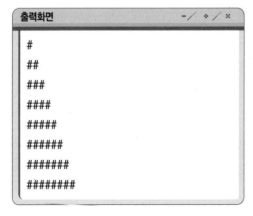

그림 8-6 예제 8-1의 출력화면

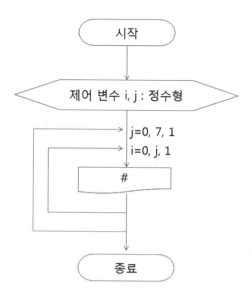

그림 8-7 예제 8-1의 순서도

프로그램

```
01: #include <stdio.h>
02: int main(void)
03: {
04:     int i, j;
05:     for(j=0; j<=7; j=j+1)
06:     {
07:         for(i=0; i<=j; i=i+1)
08:             printf("#");
09:         printf("\n");
10:     }
11:     return 0;
12: }
```

▶▶▶ **5** : 변수 j는 위에서 아래 방향을 제어하게 되어 외부 반복문을 제어하게 된다. 따라서, 변수 j는 0에서 7까지 각 줄을 제어하면 된다.

7 : 변수 i는 한 줄에서 왼쪽에서 오른쪽 방향을 제어하게 되어 내부 반복문을 제어하게 되는데, 각 줄에서는 해당하는 줄의 숫자만큼 # 기호를 출력하면 되므로, 변수 i는 0에서부터 줄을 제어하는 변수 j의 값까지 증가하면 된다.

예제 8-2 다중 for문

구구단 출력 문제로서, 다음의 출력화면에서와 같이 전체 구구단을 출력하는 프로그램을 작성한다.

출력화면은 다음과 같다.

출력화면   ─ / ◇ / ×

```
═ 2 단 ═
2 * 1 = 2  2 * 2 = 4  2 * 3 = 6  2 * 4 = 8  2 * 5 = 10  2 * 6 = 12  2 * 7 = 14
2 * 8 = 16  2 * 9 = 18
═ 3 단 ═
3 * 1 = 3  3 * 2 = 6  3 * 3 = 9  3 * 4 = 12  3 * 5 = 15  3 * 6 = 18  3 * 7 = 21
3 * 8 = 24  3 * 9 = 27
═ 4 단 ═
4 * 1 = 4  4 * 2 = 8  4 * 3 = 12  4 * 4 = 16  4 * 5 = 20  4 * 6 = 24  4 * 7 = 28
4 * 8 = 32  4 * 9 = 36
        …
═ 9 단 ═
9 * 1 = 9  9 * 2 = 18  9 * 3 = 27  9 * 4 = 36  9 * 5 = 45  9 * 6 = 54  9 * 7 = 63
9 * 8 = 72  9 * 9 = 81
```

그림 8-8 예제 8-2의 출력화면

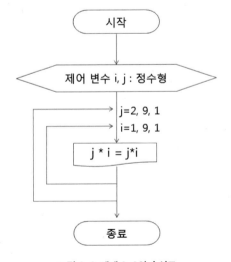

그림 8-9 예제 8-2의 순서도

```
01: #include <stdio.h>
02: int main(void)
03: {
04:     int i, j;
05:     for(j=2; j<=9; j=j+1)
06:     {
07:         printf("== %d 단 ==\n", j);
08:         for(i=1; i<=9; i=i+1)
09:             printf("%2d * %d = %2d", j, i, j*i);
10:         printf("\n");
11:     }
12:     return 0;
13: }
```

▶▶▶ **5** : 변수 j에 의해 제어되는 외부 반복문은 출력해야 할 구구단을 작성하기 위한 반복문으로서, for문의 제어 변수인 j의 초기값은 2이고, 제어 변수의 값은 매번 1씩 증가하여 9까지 변화하므로 조건식과 증감식은 각각 j<=9, i=i+1로 하면 된다.

8 : 변수 i에 의해 제어되는 내부 반복문은 출력해야 할 j 구구단($2 \leq j \leq 9$)을 작성하기 위한 반복문으로서, for문의 제어 변수인 i의 초기값은 1이고, 제어 변수의 값은 매번 1씩 증가하여 9까지 변화하므로 조건식과 증감식은 각각 i<=9, i=i+1로 하면 된다.

9 : 구구단의 각 행 가령, 3 * 4 = 12 을 작성하기 위한 문이다.

8.2 기타 다중 반복문

반복문 while문과 do~while문을 이용하여 다중 반복문을 작성할 수도 있는데, 여기서는 이들 반복문을 이용한 다중 반복문 프로그램 작성에 대해 학습하기로 한다. 다중 while문과 다중 do~while문을 기술하기 위한 문법은 각각 다음과 같다.

형식	while (조건식)
	{
	  while (조건식)
	  {
	    블록;
	  }
	}

형식	do
	{
	  do
	  {
	    블록;
	  } while (조건식);
	} while (조건식);

실습문제 **다중 while문**

while문을 이용한 다중 반복문의 실습문제에 대해 프로그램을 작성해 보도록 하자.

다중 while문을 이용한 다중 반복문에 대한 실습문제의 설명은 다음과 같다.

구구단을 출력하는 문제로서, 다음과 같은 출력화면에 구구단을 2단부터 9단까지 출력하는 프로그램을 작성한다. 단, while문을 이용하기로 한다.

출력화면은 각각 다음과 같다.

```
출력화면                                                              -/ ◇ / ×

1*2=2   2*2=4    3*2=6    4*2=8 5*2=10 6*2=12 7*2=14 8*2=16 9*2=18
1*3=3   2*3=6    3*3=9 4*3=12 5*3=15 6*3=18 7*3=21 8*3=24 9*3=27
1*4=4   2*4=8 3*4=12 4*4=16 5*4=20 6*4=24 7*4=28 8*4=32 9*4=36
1*5=5 2*5=10 3*5=15 4*5=20 5*5=25 6*5=30 7*5=35 8*5=40 9*5=45
1*6=6 2*6=12 3*6=18 4*6=24 5*6=30 6*6=36 7*6=42 8*6=48 9*6=54
1*7=7 2*7=14 3*7=21 4*7=28 5*7=35 6*7=42 7*7=49 8*7=56 9*7=63
1*8=8 2*8=16 3*8=24 4*8=32 5*8=40 6*8=48 7*8=56 8*8=64 9*8=72
1*9=9 2*9=18 3*9=27 4*9=36 5*9=45 6*9=54 7*9=63 8*9=72 9*9=81
```

그림 8-10 다중 while문 실습문제의 출력화면

상기 실습문제에 대한 프로그램 작성 단계는 다음과 같다.

Step 1 변수 선언

본 실습문제에서는 구구단의 단을 제어하기 위한 변수 dan과, 1 ~ 9까지의 정수를 나타내기 위한 변수 j를 선언하면 된다. 이를 위해,

```
int dan, j;
```

라고 정의하면 된다.

Step 2 구구단 계산

첫 번째 줄에는 구구단의 2단, 다음 줄에는 3단을 나타내는 식으로 구구단을 계산해서 출력하기 위해서는 각 단을 제어하기 위한 변수 dan에 대해 구구단 dan을 출력하고, 이어서 줄을 바꾸도록 하면 된다.

Step 3 순서도 작성

지금까지의 내용을 순서도로 작성하면 다음과 같다.

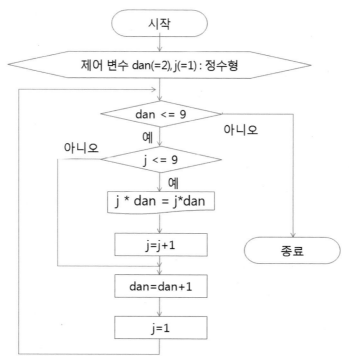

그림 8-11 다중 while문 실습문제의 순서도

Step 4 프로그래밍

　　　앞에서 나타낸 순서도를 토대로 프로그램을 작성하면 다음과 같다.

프로그램

```
01: #include <stdio.h>
02: int main(void)
03: {
04:     int dan=2, j=1;
05:     while(dan<=9)
06:     {
07:         while(j<=9)
08:         {
09:             printf("%2d * %d = %2d", j, dan, j*dan);
10:             j=j+1;
11:         }
12:         dan=dan+1;
13:         j=1;
14:         printf("\n");
15:     }
16:
17:     return 0;
18: }
```

실습문제　다중 do~while문

do~while문을 이용한 다중 반복문의 실습문제에 대해 프로그램을 작성해 보도록 하자.

다중 do~while문을 이용한 다중 반복문에 대한 실습 문제의 설명은 다음과 같다.

팩토리얼 계산 문제로서, 다음과 같은 입력화면에서 구하고자 하는 팩토리얼 수가 입력되었을 때, 해당하는 정수에 대한 팩토리얼 값을 계산해서 출력하는 프로그램을 작성한다.

입력화면과 출력화면은 각각 다음과 같다.

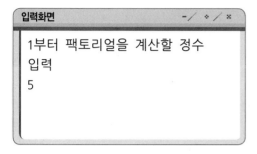
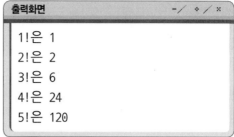

그림 8-12 다중 do~while문 실습문제의 출력화면

상기 실습문제에 대한 프로그램 작성 단계는 다음과 같다.

Step 1 변수 선언

본 실습문제에서는 1에서부터 팩토리얼을 계산할 정수를 입력받아야 하므로, 이 값을 저장하기 위한 변수(last라고 하자)가 필요하다. 그리고, 1에서부터 변수 last의 값까지의 수에 대해 팩토리얼 값을 구해야 하므로, 이를 제어하기 위한 변수(i라고 하자)가 필요하다. 변수 i의 팩토리얼 값을 계산하기 위해서는, 1부터 변수 i의 값까지의 수를 제어하기 위한 변수(j라고 하자)가 필요하다. 또한, 팩토리얼 값을 반복해서 저장하기 위한 변수(fac라고 하자)도 필요하다. 따라서, 여기서는

```
int last, i, j, fac;
```

라고 정의하면 된다.

Step 2 팩토리얼 계산

우선, 1부터 팩토리얼을 계산할 정수의 입력이 필요하다(변수 last). 여기서는, 1!, 2!, 3!, 4!, …, last!을 계산하면 된다. 변수 i의 값을 증가시켜가면서 last가 될 때까지, i의 팩토리얼 값을 계산하면 되는데, i의 팩토리얼 값을 계산하기 위해서는, 변수 j를 이용해서 j의 값을 증가시켜가면서 i가 될 때까지 팩토리얼 값을 계산하기 위한 문

```
fac=fac*j
```

을 실행하면 된다.

Step 3 순서도 작성

지금까지의 내용을 순서도로 작성하면 다음과 같다.

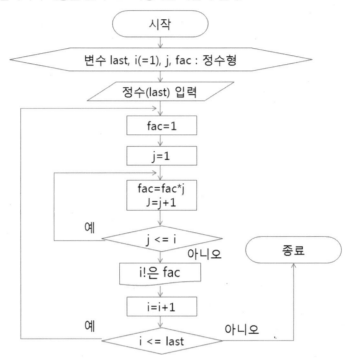

그림 8-13 다중 do~while문 실습문제의 순서도

Step 4 프로그래밍

앞에서 나타낸 순서도를 토대로 프로그램을 작성하면 다음과 같다.

> **프로그램**

```
01: #include <stdio.h>
02: int main(void)
03: {
04:     int last, i=1, j, fac;
05:     printf("1부터 팩토리얼을 계산할 정수 입력\n");
06:     scanf("%d",&last);
07:     do
08:     {
09:         fac = 1;
```

```
10:        j = 1;
11:        do
12:        {
13:            fac = fac * j;
14:            j=j+1;
15:        } while (j<=i);
16:        printf("%d!은 %d\n", i, fac);
17:        i=i+1;
18:    } while (i<=last);
19:
20:    return 0;
21: }
```

예제 8-3 **다중 while문**

여기서는 다중 while문과 관련된 예제를 통해 프로그램 작성 실습을 해보기로 한다.

역삼각형 모양의 문자(#) 출력 문제로서, 다음의 출력화면에서와 같이 출력하는
프로그램을 작성한다.

출력화면은 다음과 같다.

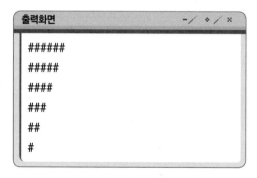

그림 8-14 예제 8-3의 출력화면

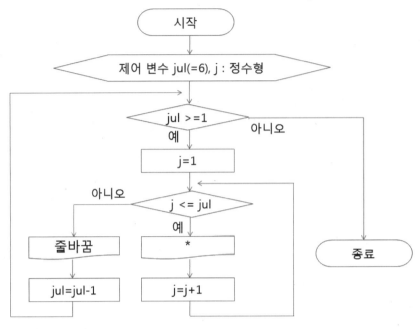

그림 8-15 예제 8-3의 순서도

프로그램

```
01: #include <stdio.h>
02: int main(void)
03: {
04:     int jul=6, j;
05:     while (jul>=1)
06:     {
07:         j=1;
08:         while(j<=jul)
09:         {
10:             printf("#");
11:             j=j+1;
12:         }
13:         printf("\n");
14:         jul=jul-1;
15:     }
16:
```

```
17:     return 0;
18: }
```

▶▶▶ **5** : 변수 jul은 각 줄에서 출력해야 할 문자(#)의 수를 나타내는 변수로서, 6으로 초기화되어
출력해야 할 문자의 수는 매번 반복할 때마다 1씩 줄어들게 된다. 변수 jul의 값이 1이상인
경우에 반복을 계속해야 하므로 외부 반복문의 조건식은 jul>=1이 된다.

　　8 : 내부 반복문에서는 jul개의 문자(#)를 출력해야 하는데, 이 반복문은 변수 j에 의해
제어하므로, 내부 반복문의 조건식은 j<=jul이 된다.

　11 : 변수 j의 값은 jul이 될 때까지 1씩 증가시켜가야 하므로, j=j+1이 된다.

　14 : 매번 줄이 바뀔 때마다, 출력해야 할 문자(#)의 숫자는 하나씩 줄어들기 때문에 jul=jul-1이
된다.

_____

1. 양수 합산 문제로서, 다음과 같이 입력화면에서 합산해야 할 양수가 입력되었을 때, 1에서부터 입력 정수까지의 정수를 더하는 프로그램을 작성한다. 단, 음수가 입력되었을 때 프로그램을 종료하는 것으로 한다.

2. 학생 성적 계산 문제로서, 다음과 같이 입력화면에서 1반부터 3반까지 반별로 학생수와 학생의 시험점수가 입력되었을 때, 반별 합계 점수와 평균 점수를 출력하는 프로그램을 작성한다.

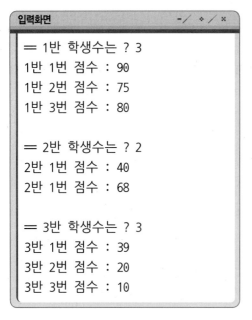

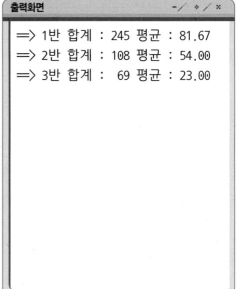

3. 정수 출력 문제로서, 1부터 정수 40까지를 연속적으로 출력하되, 다음 출력화면에서와 같이 한 줄에 4개의 정수만 출력되도록 하는 프로그램을 작성한다.

4. 문자(#) 출력 문제로서, 다음과 같이 출력화면에 출력하는 프로그램을 작성한다.

5. 소수 계산 문제로서, 다음과 같이 출력화면에 1에서 30 사이에 있는 소수(prime number)를
계산해서 출력하는 프로그램을 작성한다.

출력화면	− / ⋄ / ⋇
2　3　5　7　11	
13　17　19　23　29	

배열의 기초

7개의 정수를 입력받아 합계와 평균을 구하는 경우 7개의 정수형 변수가 필요하다. 그리고 만약 100개의 정수를 입력받아 합계와 평균을 구하는 경우 100개의 서로 다른 정수형 변수가 필요하게 된다. 이러한 변수들은 동일한 모양을 하고 있으며 따로 사용되기 보다는 모두 함께 같이 사용하는 경우가 빈번하다. 이러한 변수들을 따로 정의해야 한다면 너무나 번거롭기 때문에 배열을 이용하여 한꺼번에 사용할 수 있도록 해야 한다.

7개의 변수를 정의하면 다음과 같다.

```
int a1, a2, a3, a4, a5, a6, a7;
```

그런데 100개의 정수를 정의하려면 같은 방식으로 해야만 한다.

```
int a1, a2, .... ,a99, a100;
```

실제 응용프로그램에서는 천 개 혹은 만 개의 유사한 데이터를 입력받아 처리하는 경우도 있을 수 있는데 이렇게 되면 천 개 또는 만 개의 변수를 정의하여야 한다. 이렇게 생각하게 되면 데이터의 수량이 많은 경우 이 방법은 거의 사용할 수가 없음을 알 수 있다. 이와 같이 동일한 데이터형을 지니면서 같이 사용되는 빈도가 높은 변수들을 효율적으로 정의하고 사용할 수 있게 하는 것이 배열이다.

개별적으로 7개의 변수 상자 만들기

| a1 | a2 | a3 | a4 | a5 | a6 | a7 |

7개의 칸이 있는 하나의 상자 만들기

| a[0] | a[1] | a[2] | a[3] | a[4] | a[5] | a[6] |

여러 개의 개별적 상자보다는 여러 칸이 있는 하나의 상자가 관리하는 것이 편리하다.

그림 9-1 배열의 개념도

9.1 배열의 기초

(1) 배열의 선언 및 사용

- 배열의 선언

배열은 동일한 데이터형을 갖는 변수들의 집합이다. 이 배열은 다음과 같이 선언한다.

> **형식** 데이터형 배열명[배열 크기];

> **예제** `int grade[7];`

이 배열은 이름이 grade이고 총 7개의 원소를 가지며 모두 정수이다.

```
float avg[100];
```

이 배열은 이름이 avg이고 총 100개의 원소를 가지며 모두 실수형이다.

배열은 첫 번째 원소가 0이라는 인덱스를 가지게 되고 마지막 원소의 인덱스는 배열의 크기보다 1이 작다. 즉 위의 예에서 grade라는 배열의 첫 번째 원소는 grade[0]가 되며 마지막 원소는 grade[6]이 된다. grade[7]을 사용하는 경우 정의되지 않았기 때문에 결과를 예상할 수 없다. 마찬가지로 avg라는 배열의 첫 번째 원소는 avg[0]가 되며 마지막 원소는 avg[99]가 된다.

주의할 점은 배열의 크기는 0보다 커야 한다. 즉 0이나 음수는 허용되지 않는다. 또한 배열의 크기를 지정할 때 변수를 사용하여 지정할 수가 없다. 다음과 같은 것은 모두 컴파일할 때 에러가 발생한다.

```
int grade1[]; // 배열의 크기가 없다.

int grade2[-3]; // 배열의 크기가 음수이다.

int size=10;
int grade3[size]; //배열의 인덱스로 변수를 사용할 수 없다.
```

■ 배열의 사용

배열을 사용할 때는 배열의 인덱스를 이용한다. 배열의 인덱스는 그 배열의 몇 번째 요소인지를 알려주는 번호표와 같은 것이다. 배열의 첫 번째 원소의 인덱스는 0이며 마지막 원소의 인덱스는 '배열의 크기 - 1'이다.

3개의 원소를 갖는 배열을 선언하고 첫 번째 원소에 10을 대입하고, 두 번째 원소에는 첫 번째 원소에 5를 더한 값을 대입하고 세 번째 원소에는 첫 번째 원소와 두 번째 원소를 합한 값을 대입한 후 모든 원소의 값을 하나씩 출력하는 프로그램을 작성하여 보자.

```c
#include <stdio.h>
int main(void)
{
  int arr[3]; // 배열의 선언
  int i;

  arr[0]=10; // 첫 번째 원소에 10을 대입
  arr[1]= arr[0] + 5; // 첫 번째 원소의 값에 5을 더한 값을 대입
  arr[2]=arr[0] + arr[1]; // 첫 번째 원소와 두 번째 원소를 더한 값을 대입

  for(i=0;i < 3; i++)       // 반복문을 사용한 출력
    printf("arr[%d] = %d\n", i, arr[i]);
}
```

이 예에서 일단 arr이라는 크기 3의 배열을 선언한다. 첫 번째 원소에는 10을 대입하고 두 번째 원소에는 첫 번째 원소의 값에 5를 더한 값을 대입하며, 세 번째 원소에는 첫 번째 원소와 두 번째 원소를 더한 값을 대입한다.

수행 결과는 다음과 같다.

```
arr[0]=10
arr[1]=15
arr[2]=25
```

배열의 사용을 이해할 수 있도록 5개의 원소를 갖는 배열을 선언하고 사용자로부터
숫자 5개를 입력받아 합계를 구하여 출력하는 프로그램을 살펴보자.

```
#include <stdio.h>
int main(void)
{
  int arr[5]; // 배열의 선언
  int i;
  int sum=0;
  for(i=0;i < 5; i++)      // 반복문을 사용한 입력
    {
      printf("숫자를 입력하시오.\n");
      scanf("%d", &arr[i]);
    }

  for(i=0;i < 5; i++)      // 반복문을 사용하여 합계를 구함
    sum = sum + arr[i];

  printf(" 입력한 숫자의 합은 %d \n", sum);
}
```

일단 5의 크기를 갖는 배열을 선언한 후 for 문을 이용하여 배열에 5개의 원소를 넣고
다시 for 문을 이용하여 합계를 구하면 된다.

■ 인덱스의 유의사항

배열의 원소를 사용할 때 인덱스를 이용하게 되는데 첫 원소와 마지막 원소의 인덱스를
혼동하여 잘못 사용하는 경우가 있다. 첫 번째 원소의 인덱스는 0, 마지막 원소의
인덱스는 배열의 크기보다 하나 작다는 것을 유의하자.

```
int main(void)
{
  int arr[5]; // 배열의 선언
  int i;
```

```
  arr[1] = 10;            // 첫 번째 원소의 인덱스가 1로 착각
  arr[2] = 20;
  arr[3] = 30;
  arr[4] = 40;
  arr[5] = 50;            // 마지막 원소의 인덱스가 5로 착각

 for(i=0;i < 5; i++)      // 반복문을 사용한 출력
     printf("arr[%d] = %d\n", i, arr[i]);

}
```

이 경우처럼 첫 원소를 0이 아닌 1로 착각하고 마지막 원소를 4가 아닌 5로 착각하는 경우 arr[5]의 값이 이상하게 출력되거나 아니면 실행 오류가 발생할 수 있다.

```
int main(void)
{
  int arr[5]; // 배열의 선언
  int i;

 for(i=0;i <= 5; i++)  // for 문의 마지막 조건을 잘못 설정
  arr[i] = i* 2; // 각 원소에 i에 2를 곱한 값을 입력


 for(i=0;i < 5; i++)       // 반복문을 사용한 출력
     printf("arr[%d] = %d\n", i, arr[i]);

}
```

for 문을 배열과 함께 사용하여 시작하는 이 경우에도 마지막 끝나는 조건을 잘못 지정하면 arr[5]에 10을 대입하는 과정에서 시스템 오류가 발생할 수 있으니 주의해야 한다.

실습문제　배열의 사용

배열의 사용에 대한 프로그램 작성을 통해 배열을 이해하도록 하자.

사용자로부터 10개의 숫자를 입력받아 배열에 저장한 후 합계와 평균을 구하는 문제

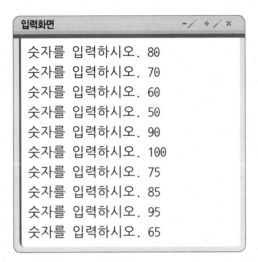

입력화면　　　－／＊／×

숫자를 입력하시오. 80
숫자를 입력하시오. 70
숫자를 입력하시오. 60
숫자를 입력하시오. 50
숫자를 입력하시오. 90
숫자를 입력하시오. 100
숫자를 입력하시오. 75
숫자를 입력하시오. 85
숫자를 입력하시오. 95
숫자를 입력하시오. 65

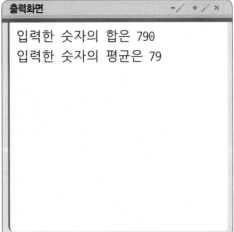

출력화면　　　－／＊／×

입력한 숫자의 합은 790
입력한 숫자의 평균은 79

상기 실습문제에 대한 프로그램 작성 단계는 다음과 같다.

Step 1　변수 선언

본 실습문제에서는 키보드에서 10 개의 숫자(정수)를 입력받아 배열에 저장한 후 합계와 평균을 구한다. 따라서 10개의 원소를 갖는 배열을 선언하여야 하며, 합계를 위한 변수를 선언하고 0으로 초기화 한다. 평균은 합계를 10으로 나누면 되므로 따로 선언하지 않는다.

```
int arr[10]; // 배열의 선언
int i; // for 루프를 위한 변수
int sum=0;
```

Step 2 반복문을 사용한 입력

10개의 값을 입력해야 하므로 반복문을 사용하여 10번 scanf를 수행한다.

```
for(i=0;i < 10; i++)      // 반복문을 사용한 입력
   {
    printf("숫자를 입력하시오.\n");
    scant("%d", &arr[i]);
   }
```

Step 3 반복문을 사용한 합계 구하기

반복문을 사용하여 10개의 배열의 값을 하나씩 sum에 더한다.

```
for(i=0;i < 10; i++)      // 반복문을 사용하여 합계를 구함
    sum = sum + arr[i];
```

Step 4 순서도

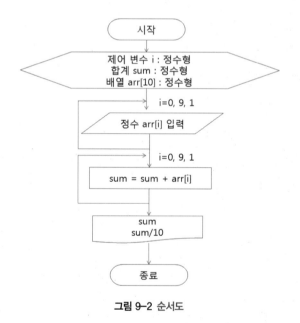

그림 9-2 순서도

Step 5 프로그램

프로그램

```
01: int main(void)
02: {
03:    int arr[10]; // 배열의 선언
04:    int i;
05:    int sum=0;
06:    for(i=0;i < 10; i++)      // 반복문을 사용한 입력
07:      {
08:        printf("숫자를 입력하시오.\n");
09:        scant("%d", &arr[i]);
10:      }
11:
12:    for(i=0;i < 10; i++)      // 반복문을 사용하여 합계를 구함
13:      sum = sum + arr[i];
14:
15:    printf(" 입력한 숫자의 합은 %d \n", sum);
16:    printf(" 입력한 숫자의 평균은 %d \n", sum / 10);
17: }
```

예제 9-1 배열의 사용

1부터 20 사이의 홀수를 배열에 넣고 이의 합계를 구하여 출력하시오.

입력화면	-/ ◇ / ✕
(입력없음)	

출력화면	-/ ◇ / ✕
합계: 100	

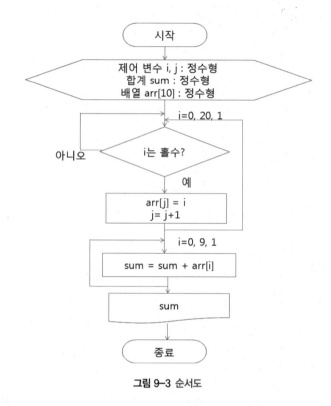

그림 9-3 순서도

```
01: int main(void)
02: {
03:    int arr[10];
04:    int i, j=0;
05:    int sum = 0;
06:
07:    for(i=0;i < 20; i++)      // 반복문을 사용하여 홀수를 구해 배열에 할당
08:        if((i % 2)==1)
09:            {
10:            arr[j] = i;
11:            j++;
12:            }
13:    for(i=0;i < 10; i++)      // 반복문을 사용한 합계 구하기
14:        sum = sum +arr[i];
15:
```

```
16:    printf("합계: %d\n", sum);
17: }
```

▶▶▶ 첫 번째 for 루프에서 나머지가 1인 숫자가 홀수이므로 이를 배열에 저장한다. 두 번째 for
루프에서는 이들의 합을 구한다.

9.2 배열의 초기화

배열은 배열을 선언할 때 각 원소에 값을 채워 넣을 수 있으며 이를 배열의 초기화라고
한다.

(1) 배열 초기화의 개요

형식	데이터형 배열명[배열 크기] = { num1, num2, ...}; 또는 데이터형 배열명[ ] = { num1, num2, ...};

예제	int arr1[5] = { 1, 2, 3, 4, 5};

이런 식으로 하면 배열의 원소에 차례대로 1, 2, 3, 4, 5란 값이 들어가게 된다.
상식적으로 배열의 원소의 수와 초기 값의 수는 일치하는 것이 좋으나 일치하지 않아도
큰 문제는 되지 않는다.

```
int arr2[5] = { 1, 2, 3 };
```

이렇게 하는 경우 arr[0], arr[1], arr[2] 에는 1, 2, 3의 값이 들어가게 된다. 하지만 arr[3]과 arr[4]에는 어떤 값이 들어갈까? 정해지지 않은 알 수 없는 값이 들어갈까? C언어에서는 초기 값의 일부만 초기화시켜 값이 들어가는 경우 나머지 원소들은 0 으로 초기화된다.

초기화되는 값들이 있는 경우 배열의 크기를 정하지 않아도 된다. 초기화에 들어가는 값의 수만큼 크기를 잡아 배열을 만들어 준다.

```
int arr3[ ] = { 10, 20, 30 };
int arr4[ ] = { 1, 2, 3, 4, 5, 6, 7};
```

arr3 이라는 배열은 크기 3인 배열이 되고, arr4라는 배열은 크기가 7인 배열이 된다.

5개의 원소를 갖는 배열을 선언하고 각각 2, 4, 6, 8, 10을 초기값으로 갖도록 초기화한다. 이후 모든 원소의 합을 구하여 출력하는 프로그램을 작성해보자.

```
int main(void)
{
  int arr2[5] = {2, 4, 6, 8,  10}; // 배열의 선언
  int i;
  int sum =0;

  for(i=0;i < 5; i++)     // 반복문을 사용하여 합계를 구함
     sum = sum + arr2[i];

   printf(" 입력한 숫자의 합은 %d \n", sum);
}
```

이 예에서 일단 arr2라는 크기 5의 배열을 선언하고 2, 4, 6, 8, 10이란 값으로 초기화한다. 이후 for 루프를 통해 합을 구하고 출력하면 된다.

수행 결과는 다음과 같다.

```
입력한 숫자의 합은 30
```

배열의 크기가 10인 정수형 배열을 하고 원소들을 1부터 10으로 초기화를 한다. 배열의
모든 원소에 원래 있던 값에 5를 더한 후 모든 값을 더하여 출력

입력화면　　　　　　　　−／ ◆／ ✕	출력화면　　　　　　　　−／ ◆／ ✕
(입력없음)	원소의 합은 105

상기 실습문제에 대한 프로그램 작성 단계는 다음과 같다.

Step 1 변수 선언

```
int arr3[10]= {1, 2, 3, 4, 5, 6, 7, 8, 9. 10};
```

Step 2 배열 원소에 5씩 더함

반복문을 사용하여 원소에 5씩 더한다.

```
for(i=0;i < 10; i++)
    arr3[i] = arr3[i] + 5;
```

Step 3 합계 구하기

반복문을 사용하여 합계를 구한다.

```
for(i=0;i < 10; i++)
    sum = sum + arr3[i];
```

Step 4 순서도

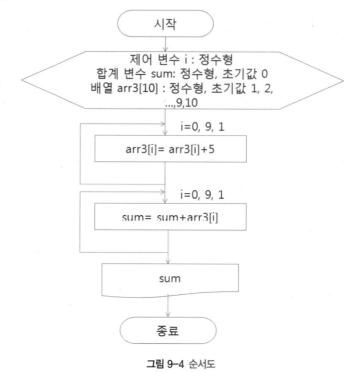

그림 9-4 순서도

Step 5 프로그램

프로그램

```
01: int main(void)
02: {
03:    int arr3[10]= {1, 2, 3, 4, 5, 6, 7, 8, 9, 10}; // 배열의 선언 및 초기화
04:    int i;
05:    int sum=0;
06:
07:    for(i=0;i < 10; i++)     // 반복문을 사용하여 원소에 5씩 더 함
08:        arr3[i] = arr3[i] + 5;
09:
10:    for(i=0;i < 10; i++)     // 반복문을 사용하여 합계를 구함
11:        sum = sum + arr3[i];
12:
13:    printf(" 입력한 숫자의 합은 %d \n", sum);
14: }
```

예제 9-2　배열의 초기화

본 예제에서는 10개의 원소 중에 처음 2개는 1, 2로 초기화 하고 나머지는 0으로 초기화
한 후 i 번째 원소의 값은 i-1 번째 원소와 i-2 번째 원소의 합이 되게 한 후 모든 원소의
내용을 출력한다.

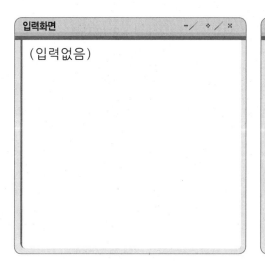

입력화면

（입력없음）

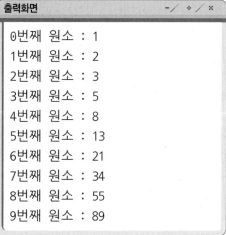

출력화면

0번째 원소 : 1
1번째 원소 : 2
2번째 원소 : 3
3번째 원소 : 5
4번째 원소 : 8
5번째 원소 : 13
6번째 원소 : 21
7번째 원소 : 34
8번째 원소 : 55
9번째 원소 : 89

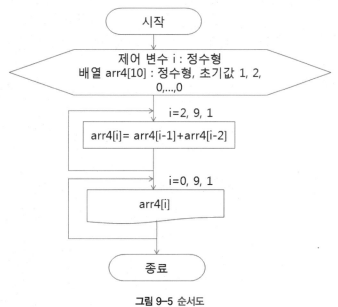

시작

제어 변수 i : 정수형
배열 arr4[10] : 정수형, 초기값 1, 2,
0,...,0

i=2, 9, 1

arr4[i]= arr4[i-1]+arr4[i-2]

i=0, 9, 1

arr4[i]

종료

그림 9-5 순서도

```
┌─────────────┐
│  프로그램   │
└─────────────┘
```

```
01: int main(void)
02: {
03:    int i;
04:    int arr4[10]= {1, 2};  // 초기화되지 않은 원소는 자동으로 모두 0이 됨
05:
06:    for(i=2;i < 10; i++) // 반복문을 사용하여 현재 원소에 전원소와 전전원소를
       더한다.
07:           arr4[i] = arr4[i-1] + arr4[i-2];
08:
09:    for(i=0;i < 10; i++)     // 반복문을 사용한 출력
10:       printf("%d번째 원소 : %d \n", i, arr4[i]);
11: }
```

1. 크기가 5인 배열을 10, 20, 30, 40, 50 값을 갖도록 초기화한 후 배열의 모든 원소에 10을 더하고 모든 배열의 합을 구하여 출력하시오.

2. 10 이하의 짝수를 for 루프를 이용해 배열에 집어넣은 후 이 원소들의 평균값을 구하여 출력하는 프로그램을 작성하시오.

3. 사용자로부터 정수를 입력받아 크기 10인 배열의 첫 번째 원소에 저장하고 그 다음 원소는 그 전원소의 2배가 되게 한 후 모든 원소의 값을 출력하는 프로그램을 작성하시오.

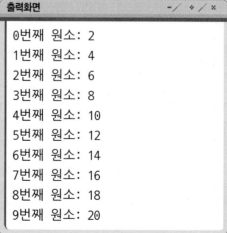

4. 사용자로부터 10개의 숫자를 입력 받아 배열에 저장한 후 최소값을 찾아 출력하는 프로그램을 작성하시오.

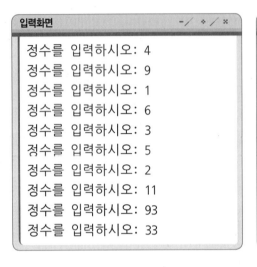

```
입력화면                          -/ ⋄ / ✕
정수를 입력하시오: 4
정수를 입력하시오: 9
정수를 입력하시오: 1
정수를 입력하시오: 6
정수를 입력하시오: 3
정수를 입력하시오: 5
정수를 입력하시오: 2
정수를 입력하시오: 11
정수를 입력하시오: 93
정수를 입력하시오: 33
```

```
출력화면                          -/ ⋄ / ✕
최소값은 1
```

5. 12개의 정수 값을 갖는 배열을 선언하고 각 원소의 값은 1월부터 12월의 날짜 수를 사용자로부터 입력받아 저장하고 나서 1년이 며칠인지 계산하여 출력한다.

```
입력화면                          -/ ⋄ / ✕
1월의 일수: 31
2월의 일수: 28
3월의 일수: 31
4월의 일수: 30
5월의 일수: 31
6월의 일수: 30
7월의 일수: 31
8월의 일수: 31
9월의 일수: 30
10월의 일수: 31
11월의 일수: 30
12월의 일수: 31
```

```
출력화면                          -/ ⋄ / ✕
1년은 365일
```

배열의 활용

배열을 사용하면 상당히 많은 일을 할 수가 있다. 대표적으로 저장되어 있는 배열 값 중에 원하는 값을 찾는 탐색이나 저장되어 있는 배열의 원소들을 오름차순이나 내림차순으로 정렬하는 일 등 다양한 활용이 가능하다.

10.1 기초 활용

(1) 최대, 최소, 합계, 평균 구하기

일상생활에서 여러 개의 값들 중 최대, 최소, 합계, 평균을 구하는 일이 많이 발생한다. 이 경우 여러 개의 값을 배열에 저장하여 놓고 이러한 값들을 구하는 것이 효율적이다. 대개 for 문을 이용하여 저장되어 있는 배열 중에 가장 큰 값이나 가장 작은 값, 합계, 평균 등을 구하게 된다.

10개의 원소를 갖는 배열을 선언하고 사용자로부터 값 10개를 입력받은 후 이 값들의 최소값과 합계를 구하여 출력하는 프로그램을 작성해 보자.

```c
int main(void)
{
    int arr[10]; // 배열의 선언
    int i;
    float sum =0;
    int min;

    for(i=0;i < 10; i++) {
        printf("숫자를 입력하시오 : ");
        scanf("%d", &arr[i]);
    }

min = arr[0]; // 일단 첫 번째 원소를 최소값으로 설정

for(i=0;i < 10; i++) {
        sum = sum + arr[i];
```

```
    if(arr[i] < min)
        min = arr[i];

}
printf(" 입력한 숫자의 합은 %f \n", sum);
printf(" 입력한 숫자의 최소값은 %d \n", min);
}
```

먼저 for 루프를 이용하여 배열에 숫자 10개를 입력한다. 이후 for 루프를 다시 사용하여
하나씩 비교하여 최소값을 구한다.

실습문제 배열의 기초 활용

배열을 이용한 간단한 실습문제를 살펴보자.

12개의 원소를 가지는 배열의 모든 원소를 0으로 초기화한 후에 사용자로부터 입력을
받아 원소의 값을 채우고 이들 중 최대값, 최소값, 합계, 평균값을 구하시오.

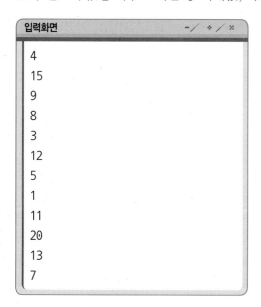

입력화면	-/ ◦ / ×
4	
15	
9	
8	
3	
12	
5	
1	
11	
20	
13	
7	

출력화면	-/ ◦ / ×
최대값: 20	
최소값: 1	
합계: 108	
평균: 9	

상기 실습문제에 대한 프로그램 작성 단계는 다음과 같다.

Step 1 배열의 크기 지정

배열의 크기와 같이 많이 사용되면서 자주 바뀔 수 있는 곳에 직접 숫자를 기록하는 것은 좋은 방법이 아니다. 미리 상수를 정의하여 두고 이를 사용하면, 한 곳만 바꾸어 주면 프로그램의 다른 곳은 손을 댈 필요가 없다. 이때 사용하는 것이 define 문이다.

```
#define SIZE 12
```

이렇게 하면 컴파일러(더 정확하게는 프리 컴파일러)가 SIZE가 있는 자리에 12를 알아서 집어넣게 된다.

나중에 20개의 원소를 갖는 배열을 사용하고 싶으면 SIZE만 20으로 바꾸어 주면 편리하게 바꿀 수가 있다.

Step 2 배열의 초기화

12개의 원소를 모두 0으로 초기화하여야 한다. 정상적으로는 12개의 0을 입력하여 주어야 하지만, 값을 입력받지 못한 원소는 자동으로 0이 입력되므로 하나만 0을 입력하여 주어도 된다.

```
int arr[SIZE] = {0,0,0,0,0,0,0,0,0,0,0,0};
```

와

```
int arr[SIZE] = {0};
```

은 동일한 결과이다.

Step 3 for 루프를 이용한 입력

scanf를 12번 반복해서 수행하여야 하므로 for 루프를 이용하여 입력을 받는다.

```
for(i=0;i < SIZE; i++) {
    printf("숫자를 입력하시오 : ");
    scanf("%d", &arr[i]);
}
```

Step 4 합계, 최대값, 최소값 구하기

for 루프를 사용하여 합계를 구한다. 최대값의 경우 일단 max라는 변수에 arr[0]의 값을 넣고 이것보다 더 큰 원소가 발견되면 max에 그 원소의 값을 넣는다. 마찬가지로 최소값의 경우 일단 min이라는 변수에 arr[0]의 값을 넣고 이것보다 더 작은 원소가 발견되면 min에 그 원소의 값을 넣는다.

```
for(i=0;i < SIZE; i++) {
    sum = sum + arr[i];

    if(arr[i] < min)
        min = arr[i];

    if(arr[i] > max)
        max = arr[i];
```

Step 5 결과출력

구한 결과를 출력하면 된다. 다만 평균의 경우 구한 합계를 SIZE로 나누어 구한다.

Step 6 순서도

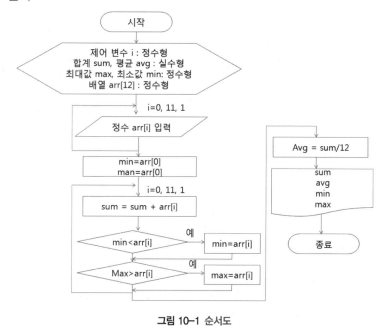

그림 10-1 순서도

Step 7 프로그램

프로그램

```
01: #define SIZE 12
02:
03: int main(void)
04: {
05:    int arr[SIZE] = {0}; // 하나만 초기화 값으로 입력하면 나머지는 모두 0으로
       초기화
06:    int i;
07:    float sum =0;
08:    float avg =0;
09:    int min=0;
10:    int max=0;
11:
12:  for(i=0;i < SIZE; i++) {
13:     printf("숫자를 입력하시오 : ");
14:     scanf("%d", &arr[i]);
15:  }
16:
17:  min=arr[0];
18:  max=arr[0];
19:  sum=arr[0];
20:  for(i=1;i < SIZE; i++) {
21:     sum = sum + arr[i];
22:
23:     if(arr[i] < min)
24:        min = arr[i];
25:
26:     if(arr[i] > max)
27:        max = arr[i];
28:     }
29:  avg = sum / SIZE;
30:
31:  printf(" 입력한 숫자의 합은 %f \n", sum);
32:  printf(" 입력한 숫자의 평균은 %f \n", avg);
```

```
33:   printf(" 입력한 숫자의 최소값은 %d \n", min);
34:   printf(" 입력한 숫자의 최대값은 %d \n", max);
35: }
```

일단 숫자를 배열에 입력한 후 최대, 최소, 합계 값에 모두 arr[0]을 할당한다. 그리고 for 루프는 1부터 SIZE보다 작을 때까지 반복적으로 합계를 구하는 작업과 비교를 수행한다. 현재의 최소값보다 작은 값을 가지는 원소가 있다면 그 값을 최소값에 집어넣고 현재의 최대값보다 큰 값을 가지는 원소가 있다면 그 값을 최대값에 집어넣는다.

예제 10-1 배열의 기초 활용

20개의 원소를 가지는 배열을 선언하고 난수 발생함수를 활용하여 0부터 99사이의 임의의 값을 배열에 삽입한다. 이후 이 배열의 최대값, 최소값, 평균값, 합계를 구하여 출력한다.

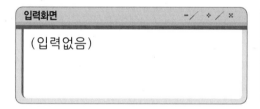

입력화면	출력화면
(입력없음)	최대값: 91 최소값: 1 평균값: 52

상기 실습문제에 대한 프로그램 작성 단계는 다음과 같다.

Step I   난수 함수

난수 발생을 위해 rand()라고 하는 간단한 함수를 사용한다. 이 함수는 0과 미리 정해진 최대값 사이의 임의의 수를 만들어내는 함수이다. 이 함수를 사용하기 위해서 "stdlib.h"라고 하는 헤더 파일이 필요하다.

```
#include <stdlib.h>
```

Step 2 난수를 이용하여 0부터 99사이의 값을 배열에 넣기

그냥 난수를 발생시키면 0부터 99사이의 값이 발생하지 않을 것이다. 따라서 발생한 난수를 100으로 나눈 나머지를 구하면 이 수는 0부터 99사이이의 수가 된다. 배열의 수만큼 for 루프를 사용하여 반복적으로 값을 삽입한다.

```
for(i=0;i < SIZE; i++) {
    arr[i] = rand() % 100; // 0부터 99사이의 값
}
```

Step 3 최소값 구하기

일난 죄소값 min은 첫 번째 원소의 값으로 설정하고 다음 원소가 이 min보다 작으면 min 값은 그 원소의 값이 된다. 마지막까지 for 루프를 돌면 min에 최소값이 들어가 있게 된다.

Step 4 최대값 구하기

일단 최대값 max는 첫 번째 원소의 값으로 설정하고 다음 원소가 이 max보다 크면 max 값은 그 원소의 값이 된다. 마지막까지 for 루프를 돌면 max에 최대값이 들어가 있게 된다.

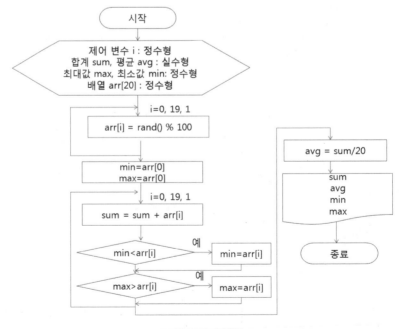

그림 10-2 순서도

```
01: #include <stdlib.h>
02: #define SIZE 20
03:
04: int main(void)
05: {
06:    int arr[SIZE];
07:    int i;
08:    float sum =0;
09:    float avg =0;
10:    int min;
11:    int max;
12:
13:   for(i=0;i < SIZE; i++) {
14:      arr[i] = rand() % 100; // 0부터 99사이의 값
15:   }
16:
17:   min = arr[0]; // 일단 첫 번째 원소를 최소값으로 설정
18:   max = arr[0]; // 일단 첫 번째 원소를 최대값으로 설정
19:   for(i=0;i < SIZE; i++) {
20:        sum = sum + arr[i];
21:
22:        if(arr[i] < min)
23:            min = arr[i];
24:
25:      if(arr[i] > max)
26:            max = arr[i];
27:      }
28:   avg = sum / SIZE;
29:
30:   printf(" 입력한 숫자의 합은 %f \n", sum);
31:   printf(" 입력한 숫자의 평균은 %f \n", avg);
32:   printf(" 입력한 숫자의 최소값은 %d \n", min);
33:   printf(" 입력한 숫자의 최대값은 %d \n", max);
34: }
```

▶▶▶ **1** : 난수 함수

난수 발생을 위해 rand()라고 하는 간단한 함수를 사용한다. 이 함수는 0과 미리 정해진 최대값 사이의 임의의 수를 만들어내는 함수이다. 이 함수를 사용하기 위해서 "stdlib.h"라고 하는 헤더 파일이 필요하다.

13~15 : 난수를 이용하여 0부터 99사이의 값을 배열에 넣기

그냥 난수를 발생시키면 0부터 99사이의 값이 발생하지 않을 것이다. 따라서 발생한 난수를 100으로 나눈 나머지를 구하면 이 수는 0부터 99사이의 수가 된다.

배열의 수만큼 for 루프를 사용하여 반복적으로 값을 삽입한다.

17 : 최소값 구하기

일단 최소값 min은 첫 번째 원소의 값으로 설정하고 다음 원소가 이 min보다 작으면 min 값은 그 원소의 값이 된다. 마지막까지 for 루프를 돌면 min에 최소값이 들어가 있게 된다.

18 : 최대값 구하기

일단 최대값 max는 첫 번째 원소의 값으로 설정하고 다음 원소가 이 max보다 크면 max 값은 그 원소의 값이 된다. 마지막까지 for 루프를 돌면 max에 최대값이 들어가 있게 된다.

10.2 탐색과 정렬

(1) 탐색과 정렬

많은 데이터 중에 원하는 내용이 있는지 찾아보는 일은 매우 흔한 일이다. 이를 탐색이라고 한다. 배열의 수많은 원소 중에 원하는 원소가 있는지를 찾아보는 것은 어떻게 하면 될까? 또 여러 개의 원소를 갖는 배열들을 크기 순서대로 정렬하는 일 역시 매우 자주 발생하는 일이다.

5개의 10이하의 양의 정수로 초기화된 배열이 있고 이 중 사용자가 입력한 원소가 있는지 찾아보는 프로그램을 작성하여 보자.

```
int main(void)
{
  int arr[5]= {2, 5, 6, 9, 10}; // 배열의 선언
 int num;
 int i;
```

```
printf(" 찾기를 원하는 숫자를 입력하시오(1 ~ 10) : ");
scanf("%d", &num);

 for(i=0;i < 5; i++)        // 반복문을 사용한 탐색
    if (arr[i] == num)
      {
          printf("원하는 숫자를 찾았습니다. %d 번째 원소!\n");
          break;
      }
}
```

이 예에서 일단 arr이라는 크기 5의 배열은 선언하고 10보다 작은 양의 정수 5개로 초기화한다. 사용자로부터 1과 10사이의 숫자를 입력받아 이 숫자가 원소 중의 하나와 같은 경우 (3번째라고 가정) 화면에 "원하는 숫자를 찾았습니다. 3번째 원소!"라는 메시지가 출력될 것이다. 찾지 못하는 경우 화면에 아무 것도 출력되지 않을 것이다.

이번에는 5개의 정수로 초기화된 배열이 있고 이를 오름차순으로 정렬하는 프로그램을 작성해 보자.

```
#define SIZE 5
int main(void)
{
  int i, j;
  int temp;
  int num[SIZE] = { 12, 5, 3, 7, 20};

for (i=0;i<SIZE-1;i++)
    for(j=i+1;j<SIZE;j++)
      if(num[i]>num[j])
      {
      {
        temp = num[i];
        num[i] = num[j];
        num[j] = temp;
```

```
    }

for(i=0;i<SIZE;i++)
  printf("%d\n", num[i]);
}
```

이 예에서 일단 num이라는 크기 5의 배열을 선언하고 임의의 값으로 초기화한다.

for 루프를 중첩해서 사용하여야 하는데 첫 번째 루프는 0부터 3까지, 그리고 두 번째 루프는 1부터 4까지 수행되게 된다. 제일 처음에는 첫 번째 원소(인덱스 0)의 값을 두 번째 원소(인덱스1)부터 5번째 원소(인덱스 4)들과 비교하여 가장 작은 원소를 제일 앞으로 보내게 되는 것이다. 즉 num[i]와 num[j]를 비교하여 num[i]의 값이 num[j]보다 크면 둘을 교환하면 된다. 여기서 i는 변하지 않고 j만 1에서 4까지 변하게 된다. 첫 번째 바깥쪽 루프가 수행되게 되면 제일 작은 원소가 인덱스 0에 저장된다.

다음에는 i가 1이 되고 j는 2부터 4까지 수행하게 된다. 마찬가지로 제일 작은 값이 인덱스 1에 저장이 되게 되는 것이다. 마지막에는 i가 3이 되고 j는 4를 가지고 수행하게 된다. 이렇게 모든 루프를 다 돌게 되면 모든 원소가 정렬되게 된다.

실습문제 **탐색과 정렬**

0부터 99사이의 임의의 수를 크기 50인 배열에 저장한 후 사용자로부터 입력받은 숫자가 발견되는지 안 되는지를 판별하는 문제

상기 실습문제에 대한 프로그램 작성 단계는 다음과 같다.

Step 1 난수를 이용하여 0부터 99사이의 값을 배열에 넣기

이전에 한 것처럼 발생한 난수를 발생시킨 후 100으로 나눈 나머지를 구하면 이 수는 0부터 99사이의 수가 된다. 이 나머지를 배열에 값으로 넣어준다. 배열의 수만큼 for 루프를 사용하여 반복적으로 값을 삽입하면 된다.

```
for(i=0;i < SIZE; i++) {
    arr[i] = rand() % 100; // 0부터 99사이의 값
}
```

Step 2 값 찾기

배열을 처음부터 마지막까지 스캐닝해나간다. 만약 사용자가 찾기를 원하는 값이 발견되면 해당 인덱스를 find에 넣어주고 루프를 빠져나간다. 찾고자 하는 값이 배열에 한 개 이하로만 있다고 가정하였으며 두 개 이상 있는 것을 처리하려면 좀 더 복잡하게 프로그램을 작성하여야 한다.

```
for(i=0;i < SIZE; i++)
    if (arr[i]==num) {
        find = i;
    break;
    }
```

Step 3 결과 출력

find라는 변수값은 초기값이 −1로 되어 있다. 만약 발견되었을 경우 해당 인덱스가
find에 할당되었을 것이며 발견되지 않을 경우 −1값이 될 것이다.

```
if(find == -1)
    printf("%d는 발견되지 않습니다.\n");
else
    printf("찾는 숫자는 %d번째 있습니다.",find);
```

Step 4 순서도

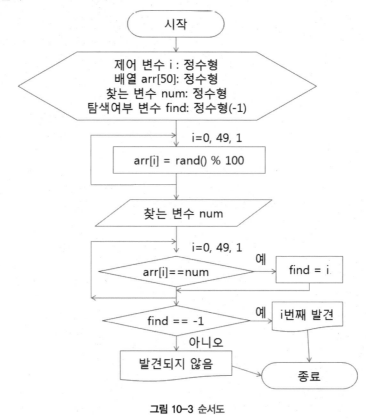

그림 10-3 순서도

Step 5 프로그램

```
01: #include <stdlib.h>
02: #define SIZE 50
03:
04: int main(void)
05: {
06:    int arr[SIZE];
07:    int i;
08:    int num;
09:    int find = -1;
10:
11:    for(i=0;i < SIZE; i++) {
12:       arr[i] = rand() % 100; // 0부터 99사이의 값
13:    }
14:
15:    printf("찾는 숫자를 입력하시오: ");
16:    scanf("%d", &num);
17:
18:    for(i=0;i < SIZE; i++)
19:       if (arr[i]==num) {
20:          find = i;
21:          break;
22:       }
23:
24:    if(find == -1)
25:       printf("%d는 발견되지 않습니다.\n");
26:    else
27:       printf("찾는 숫자는 %d번째 있습니다.",find);
28: }
```

예제 10-2 배열의 활용

12개의 숫자를 사용자로부터 입력을 받아 배열에 저장한 후 이들을 내림차순으로
정렬하여 화면에 표시한다.

입력화면 −/ ◦ / ×	출력화면 −/ ◦ / ×
숫자를 입력하시오: 7	21
숫자를 입력하시오: 5	15
숫자를 입력하시오: 3	11
숫자를 입력하시오: 9	10
숫자를 입력하시오: 11	9
숫자를 입력히시오: 15	8
숫자를 입력하시오: 1	7
숫자를 입력하시오: 2	5
숫자를 입력하시오: 8	4
숫자를 입력하시오: 10	3
숫자를 입력하시오: 21	2
숫자를 입력하시오: 4	1

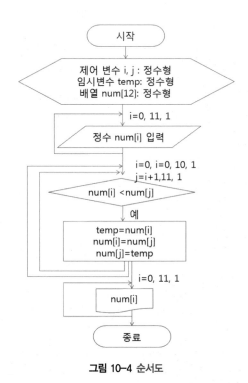

그림 10-4 순서도

프로그램

```
01: #define SIZE 12
02: int main(void)
03: {
04:     int i, j;
05:     int temp;
06:     int num[SIZE];
07:
08: for (i=0;i<SIZE;i++) {
09:     printf("숫자를 입력하시오: ");
10:     scanf("%d", &num[i]);
11: }
12:
13: for (i=0;i<SIZE-1;i++)
14:     for(j=i+1;j<SIZE;j++)
15:         if(num[i]<num[j])
16:         {
17:             temp = num[i];
18:             num[i] = num[j];
19:             num[j] = temp;
20:         }
21:
22: for(i=0;i<SIZE;i++)
23:     printf("%d\n", num[i]);
24: }
```

▶▶▶ 중첩루프를 사용한 정렬

두 개의 루프를 사용하여 정렬한다. 일단 바깥의 루프는 0부터 SIZE-1보다 작을 때까지 수행되며 안쪽 루프는 바깥 루프의 인덱스보다 하나 큰 값부터 시작하여 SIZE보다 작을 때까지 수행된다.

15~20 : 루프의 가장 안쪽에서 if 문을 사용하여 두 개의 숫자를 비교한다. 그래서 바깥 루프의 값이 안쪽 루프의 값보다 작으면 둘을 교환해주어야 한다.

예제 10-3

1부터 100까지의 숫자 중에 임의의 숫자를 발생시켜 배열에 저장한다. 사용자는 1부터 100사이의 숫자 아무거나 10번을 입력하며 몇 번을 맞추었는지를 화면에 출력한다.

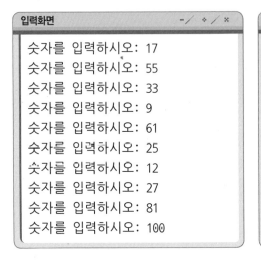

입력화면

숫자를 입력하시오: 17
숫자를 입력하시오: 55
숫자를 입력하시오: 33
숫자를 입력하시오: 9
숫자를 입력하시오: 61
숫자를 입력하시오: 25
숫자를 입력하시오: 12
숫자를 입력하시오: 27
숫자를 입력하시오: 81
숫자를 입력하시오: 100

출력화면

2번 맞았습니다.

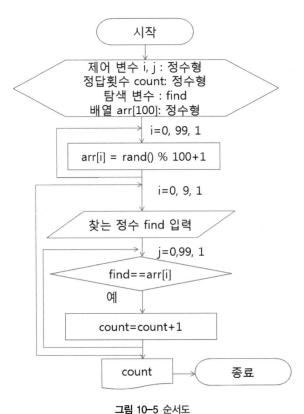

그림 10-5 순서도

프로그램

```
01: #include <stdlib.h>
02: #define SIZE 100
03: int main(void)
04: {
05:    int i, j;
06:    int count=0;
07:    int find;
08:    int arr[SIZE];
09:
10:    for(i=0;i < SIZE; i++)
11:       arr[i] = (rand() % 100) +1; // 0부터 99사이의 값에 1을 더한다.
12:
13:   for (i=0;i<10;i++) {
14:    printf("숫자를 입력하시오: ");
15:    scanf("%d", &find);
16:    for(j=0;j<SIZE;j++)
17:       if(find == arr[j])
18:          count++;
19:   }
20:
21:   printf("%d번 맞았습니다.\n", count);
22: }
```

▶▶▶ **10-11** : 1부터 100사이의 값을 갖는 배열 만들기

rand() 함수로 임의의 수를 발생시킨 후 100으로 나눈 나머지를 구하면 0부터 99사이의 값이 된다. 따라서 1부터 100사의의 임의의 수를 만들기 위해서는 여기에 1을 더해주면 된다.

13-19 : 사용자로부터 10개의 값 입력받기

for 루프를 10번 돌면서 사용자가 입력한 값이 미리 준비된 배열에 있는지를 탐색한다. 이를 위해서 루프가 중첩되어 사용되어야 한다.

1. 크기가 7인 배열을 선언한 후 사용자로부터 값을 입력받고 이 원소의 합을 모두 구해 평균값과 함께 출력하시오.

입력화면

값을 입력하시오: 1
값을 입력하시오: 2
값을 입력하시오: 3
값을 입력하시오: 4
값을 입력하시오: 5
값을 입력하시우: 6
값을 입력하시오: 8

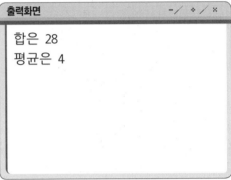

출력화면

합은 28
평균은 4

2. 1이상 20이하의 임의의 정수를 만들어 크기 20인 배열에 차례로 집어넣은 후 이 원소들의 최대값과 최소값을 구하여 출력하는 프로그램을 작성하시오.

입력화면

(없음)

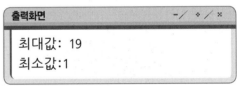

출력화면

최대값: 19
최소값:1

3. 크기 10인 배열에 사용자로부터 1이상 100이하의 임의의 자연수를 입력한 후 사용자가 하나의 숫자를 입력한다. 사용자가 입력한 숫자보다 큰 숫자가 몇 개 있는지를 출력한다.

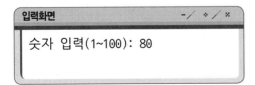

입력화면

숫자 입력(1~100): 80

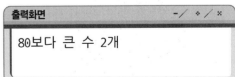

출력화면

80보다 큰 수 2개

4. 사용자로부터 5개의 숫자를 입력받아 배열에 저장한 후 이를 내림차순으로 정렬하여
출력하시오.

5. 크기 10인 임의의 배열에 0이상 20이하의 난수를 발생시켜 값을 할당하고 사용자가 1을
입력하면 오름차순, 2를 입력하면 내림차순으로 정렬하여 출력한다.

다차원 배열

지금까지 배운 배열은 한 줄로 데이터들이 늘어선 형태를 지닌 일차원 배열이다. 하지만 전후(앞뒤)로 늘어선 모양의 이차원 배열부터 여러 차원의 배열이 가능하다. 만약 학생별로 5과목을 시험을 보았고 학생이 10명이라면 일차원 배열로 이를 처리하기는 매우 힘이 들것이다. 일단 학생 10에 대한 배열이 필요할 것이고 각 학생당 5과목의 성적을 관리하기 위한 배열이 필요할 것이다. 이 경우 이차원 배열을 사용해야 할 것이다.

학생 1	95	80	75	90	100
학생 2	75	70	65	85	90
⋮	⋮	⋮	⋮	⋮	
학생 9	97	88	80	92	95
학생 10	90	85	75	91	97

그림 11-1

11.1 이차원 배열

(1) 개요

■ 이차원 배열의 선언

우선 이차원 배열은 어떻게 선언하는지 살펴보자.

형식	데이터형 배열명[배열 크기1][배열 크기2];

예제	`int student[10][5];`

이 배열은 이름이 student이고 5개의 원소를 갖는 10개의 배열이 존재한다고 볼 수 있다. 셀의 개수를 세면 총 50개가 될 것이다. 각 학생 10명에 대하여 5개의 성적을 기록하기 위한 자료 구조가 되는 것이다. 첫 번째 인덱스를 표에서 행 번호로 간주하고 두 번째 인덱스를 열 번호로 생각하여도 된다. 즉 이 배열은 10행 5열의 이차원 배열이다.

인덱스가 두 개 이상 있는 다차원 배열도 충분히 만들어 쓸 수 있으나 여기서는 이차원 배열을 주로 다룰 것이며, 인덱스의 범위 규칙은 일차원 배열과 동일하다.

```
int arr2[4][3];
```

위의 arr2라는 배열은 4행 3열의 총 12개의 개별 원소를 가지는 이차원 배열이다. 이 배열을 사용할 때 일반적으로 인덱스는 뒤의 인덱스부터 변화하고 나중에 앞의 인덱스가 변경되게 된다.

3차원 배열의 경우 인덱스가 3개가 필요하다. 2행, 3열의 배열이 있고 각 원소당 4개씩의 하위 원소가 더 있다고 할 경우 다음과 같이 선언하면 된다.

```
int arr3[2][3][4];
```

이런 식으로 3차원, 4차원 배열 등을 선언하여 사용할 수 있으나 실제로 2차원 배열까지만 많이 활용하고 더 큰 차원의 배열은 잘 사용되지 않는다.

4행 3열 즉 12개의 원소를 갖는 배열을 선언하고 1부터 12까지의 값을 차례로 삽입한 후 모든 원소의 값을 출력하는 예제를 살펴보자.

```
int main(void)
{
    int arr2[4][3]; // 배열의 선언
    int i, j;

    arr2[0][0]=1; // 첫 번째 행 첫 번째 원소에 1을 대입
    arr2[0][1]=2;
    arr2[0][2]=3;
    arr2[1][0]=4;
    arr2[1][1]=5;
    arr2[1][2]=6;
    arr2[2][0]=7;
    arr2[2][1]=8;
```

```
    arr2[2][2]=9;
    arr2[3][0]=10;
    arr2[3][1]=11;
    arr2[3][2]=12;              // 네 번째 행 세 번째 원소에 12를 대입

    for(i=0;i < 4; i++)        // 반복문을 사용한 출력
        for(j=0;j<3;j++)
            printf("arr2[%d][%d] = %d\n", i, j, arr2[i][j]);
}
```

for 문을 사용하여 더 간단하게 만들 수도 있다.

```
int main(void)
{
  int arr2[4][3]; // 배열의 선언
  int i, j, k=1;

    for(i=0;i < 4; i++)        // 반복문을 사용한 입력
      for(j=0;j<3;j++)
        arr2[i][j] = k++;      // k는 1부터 시작하여 대입한 후 1씩 증가한다.

  for(i=0;i < 4; i++)          // 반복문을 사용한 출력
    for(j=0;j<3;j++)
      printf("arr2[%d][%d] = %d\n", i, j, arr2[i][j]);
}
```

■ 이차원 배열의 초기화

형식	데이터형 배열명[배열 크기1][배열 크기2]={ 값들}; 혹은 데이터형 배열명[배열 크기1][배열 크기2]={ {값들}, ... ,{값들}};

> **예제**
>
> int student[3][2] = {{1,2}, {3,4}, {5,6}};
>
> float num[3][4] = { {2.1, 4.3, 7.4, 5.5}, {5.7, 8.3, 9.2, 3.3}, {4.2, 5.8, 9.3, 1.2})
>
> int arr3[2][4] = {1, 2, 3, 4, 5, 6, 7, 8};

이 경우는 다음의 경우와 동일하다.

> int arr3[2][4] = {{1, 2, 3, 4}, {5, 6, 7, 8}};

2행 3열 즉 6개의 원소를 갖는 배열을 선언하고 3의 배수를 3부터 차례로 각 원소에 초기화한 후 모든 원소의 합을 구하여 출력하는 간단한 이차원 배열의 예제를 살펴보자.

```c
int main(void)
{
    int arr3[2][3]= {{3,6,9}, {12, 15, 18}); // 배열의 선언과 초기화
    int i, j;
    int sum =0;

    for(i=0;i < 2; i++)      // 반복문을 사용하여 합계를 구함
        for(j=0;j<3;j++)
            sum = sum + arr3[i][j];

    printf("합계는 %d\n", sum);
}
```

실습문제 **다차원 배열**

10명의 학생이 있고 각 학생당 3가지 자격증(A, B, C)에 대한 소유 여부를 사용자로부터 입력을 받는다. 0을 입력하면 없는 것이고 1을 입력하면 있는 것이다. 예를 들어 1 0 1을 입력하면 자격증 A와 자격증 C를 가지고 있는 것이 된다. 학생당 자격증을 몇 개 가지고 있는지 출력한다.

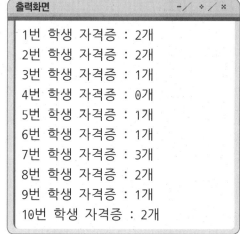

상기 실습문제에 대한 프로그램 작성 단계는 다음과 같다.

Step 1 배열의 선언

define문으로 배열 선언을 위한 상수를 만든다.

```
#define SNUM 10
#define CNUM 3
```

다음에 이 상수를 이용하여 배열을 선언한다.

```
int student[SNUM][CNUM] // 배열의 선언
```

Step 2 자격증 입력

10명의 학생에 대하여 자격증을 입력받아야 하므로 for 루프를 이용한다. 사용자는 학생당 3개의 자격증을 입력하여야 하고 사용자가 0과 1 외의 값을 입력하였을 경우 에러 처리하는 부분은 생략하였다. (0과 1만 입력한다고 가정)

```c
for(i=0;i < SNUM; i++) { // 10명의 자격증을 입력
    printf("자격증 입력: ");
    scanf("%d %d %d",&student[i][0],&student[i][1],&student[i][2]);
}
```

Step 3 for 문을 이용한 자격증 개수 출력

일단 10명에 대하여 자격증을 출력하여야 하므로 0부터 9까지 수행되는 for 루프가 하나 필요하다.

```c
for(i=0;i<SNUM;i++) {
        .....
}
```

각 학생이 보유하고 있는 자격증의 개수를 더하기 위하여 0부터 2까지 수행되는 안쪽 루프가 하나 더 필요하다.

```c
sum = 0;
for(j=0;j<CNUM;j++)
    sum = sum + student[i][j];
```

Step 4 순서도

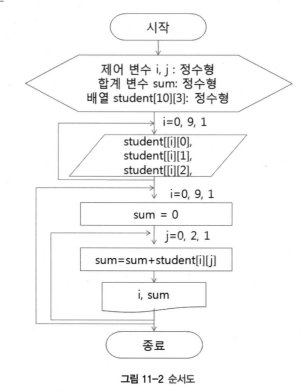

그림 11-2 순서도

Step 5 프로그램

프로그램

```
01: #define SNUM 10
02: #define CNUM 3
03: int main(void)
04: {
05:    int student[SNUM][CNUM]; // 배열의 선언
06:    int i, j;
07:    int sum;
08:
09:    for(i=0;i < SNUM; i++) { // 10명의 자격증을 입력
10:        printf("자격증 입력: ");
11:        scanf("%d %d %d",&student[i][0],&student[i][1],&student[i][2]);
12:    }
13:
```

```
14:    for(i=0;i<SNUM;i++) {
15:        sum = 0;
16:        for(j=0;j<CNUM;j++)
17:                sum = sum + student[i][j];
18:        printf("%d번 학생 자격증 : %d\n", i, sum);
19:    }
20: }
```

예제 11-1 다차원 배열

10개의 상품이 있고 각 상품 당 하양, 검정, 노랑, 빨강, 파랑 제품이 있다. 0부터 4 사이의 난수를 발생시켜 0이면 하양, 1이면 검정, 2이면 노랑, 3이면 빨강, 4면 파랑이 판매된 것으로 한다. 각 제품은 3개씩 판매된다. 각 제품별로 어떤 색깔 제품이 몇 개나 판매되었는지 출력한다.

출력화면	- / ◆ / ✕

```
1번째 제품 판매: 하양 1, 검정 0, 노랑 1, 빨강 1, 파랑 0
2번째 제품 판매: 하양 1, 검정 0, 노랑 1, 빨강 1, 파랑 0
3번째 제품 판매: 하양 1, 검정 0, 노랑 1, 빨강 1, 파랑 0
4번째 제품 판매: 하양 1, 검정 0, 노랑 1, 빨강 1, 파랑 0
5번째 제품 판매: 하양 1, 검정 0, 노랑 1, 빨강 1, 파랑 0
6번째 제품 판매: 하양 1, 검정 0, 노랑 1, 빨강 1, 파랑 0
7번째 제품 판매: 하양 1, 검정 0, 노랑 1, 빨강 1, 파랑 0
8번째 제품 판매: 하양 1, 검정 0, 노랑 1, 빨강 1, 파랑 0
9번째 제품 판매: 하양 1, 검정 0, 노랑 1, 빨강 1, 파랑 0
10번째 제품 판매: 하양 1, 검정 0, 노랑 1, 빨강 1, 파랑 0
```

```
01: #include <stdlib.h>
02: #define SIZE1 10
03: #define SIZE2 5
04: int main(void)
05: {
06:     int product[SIZE1][SIZE2]={0}; // 배열의 선언, 모두 0으로 초기화 된다.
07:     int i, j;
08:     int sale;
09:
10:     for(i=0;i < SIZE1; i++)  // 10개의 제품에 대한 판매 횟수 발생
11:         for(j=0;j < 3; j++) { // 총 3회 판매 한다.
12:                 sale = rand() % 5;
13:                 product[i][sale] ++;
14:         }
15:
16:     for(i=0;i<SIZE1;i++)
17:         {
18:             for(j=0;j<SIZE2;j++)
19:             printf("%d번 제품: 하양 %d, 검정 %d, 노랑 %d, 빨강 %d, 파랑 %d", i, product[i][0],product[i][1],product[i][2],product[i][3],product[i][4]);
20:         printf("\");
21:         }
22: }
```

▶▶▶ **1-3** : 상수 준비

rand()함수를 사용하기 위해 <stdlib.h> 파일을 삽입하여 주고 10개의 상품에 대하여 5종의 제품이 있으므로 이를 배열의 크기로 사용하기 위하여 10과 5를 상수로 정의한다.

6 : 배열의 선언 및 초기화

10개의 상품에 대하여 5종의 제품이 있으므로 10행 5열의 2차원 배열을 선언하여야 하여야 하며 초기값은 모두 0으로 하여야 한다. 하나만 0을 집어 넣어주면 나머지는 모두 0으로 초기화 된다.

10-14 : for 문을 이용한 상품 판매 입력

10개의 상품이 있으므로 for 문을 10번 실행하면서 상품 판매를 각각 3회씩 실시한다.

일단 for 루프를 중첩하여 사용하여야 한다. 바깥 루프는 10개의 상품에 해당하기 때문에 10번 실행하여야 하고, 각 제품에 대하여 3회씩 판매가 수행되므로 안쪽 루프는 3회 실행되게 한다.

12-13 : 일단 난수를 발생시켜 5로 나누어주면 0과 4사이의 숫자가 된다. 이 숫자에 해당되는 색상의 제품이 판매된 것으로 하면 된다. 일단 sale이라는 변수에 난수를 저장하여 놓고 이를 인덱스로 사용하여 해당 제품의 판매 횟수를 1을 증가시켜 준다.

예제 11-2

10행, 5열을 가지는 2차원 배열 2개가 있고 이 배열의 원소는 0부터 5까지의 임의의 수가 입력된다. 이 두 개의 배열을 더하여 새로운 배열에 넣은 후 배열의 내용을 출력한다.

```
출력화면                                          - / ◇ / ×

배열1의  내용
2 4 5 2 1
4 2 5 1 2
2 5 2 1 3
2 5 4 3 2
5 5 2 1 5
1 4 5 5 2
2 3 4 5 1
2 1 2 4 3
3 3 2 1 5
3 2 1 4 5

배열2의  내용
1 3 4 5 1
3 2 5 1 2
3 5 2 1 5
2 5 2 3 2
1 3 0 1 1
2 4 5 2 1
2 4 3 5 2
0 1 1 4 3
0 5 2 1 3
1 0 3 2 0
```

출력화면   − / ◇ / ×

배열의 합

3 7 9 7 2

7 4 10 2 4

5 10 4 2 8

4 10 6 6 4

6 8 2 2 6

3 8 10 7 3

4 7 7 10 3

3 2 3 8 6

3 8 4 2 8

4 2 4 6 5

프로그램

```
01: #include <stdlib.h>
02: #define SIZE1 10
03: #define SIZE2 5
04: int main(void)
05: {
06:    int arr1[SIZE1][SIZE2]; // 배열1의 선언
07:    int arr2[SIZE1][SIZE2]; // 배열2의 선언
08:    int arr3[SIZE1][SIZE2]; // 배열3의 선언
09:    int i, j;
10:    int sum;
11:
12:
13:    for(i=0;i < SIZE1; i++)  // 10행, 5열
14:       for(j=0;j < SIZE2; j++) { //  배열 값의 초기화
15:             arr1[i][j] = rand() % 6;
16:             arr2[i][j] = rand() % 6;
17:             arr3[i][j] = 0;
18:       }
19:
20:    for(i=0;i<SIZE1;i++)
```

```
21:        for(j=0;j<SIZE2;j++)
22:            arr3[i][j]=arr1[i][j] + arr2[i][j];
23:
24:    printf("배열1의 내용\n");
25:    for(i=0;i<SIZE1;i++){
26:        for(j=0;j<SIZE2;j++)
27:          printf("%2d",arr1[i][j]);
28:        printf("\n");
29:    }
30:
31:    printf("\n배열2의 내용\n");
32:    for(i=0;i<SIZE1;i++){
33:        for(j=0;j<SIZE2;j++)
34:          printf("%2d",arr2[i][j]);
35:        printf("\n");
36:    }
37:    printf("\n배열3의 내용\n");
38:    for(i=0;i<SIZE1;i++){
39:        for(j=0;j<SIZE2;j++)
40:          printf("%2d",arr3[i][j]);
41:        printf("\n");
42:    }
43: }
```

▶▶▶ **13~18** : 배열의 초기화

이차원 배열을 선언하기 위하여 중첩된 for 문을 이용한다. 0부터 5사이의 임의의 정수를 넣기 위하여 rand() 함수로 발생시킨 임의의 수를 6으로 나눈 나머지를 구하여 배열의 원소에 삽입한다.

20~22 : for 문을 이용한 합계 구하기

중첩된 for 문을 이용하여 배열1과 배열2의 각각의 원소를 하나씩 합하여 배열3에 넣는다.

EXERCISE

1. 크기가 3행 4열인 배열을 선언하고 사용자로부터 값을 입력받아 배열을 초기화한다. 이 배열에 입력된 각 행의 값을 합하여 출력하시오.

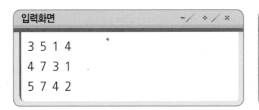

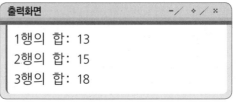

2. 4개의 상점에서 TV, 냉장고, 세탁기 판매를 한다. 각 상점에서의 제품별 판매량은 사용자로부터 입력을 받는다. 제품별로 판매 평균을 구하여 출력하시오.

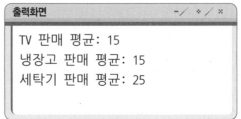

3. 5명의 학생이 있고 각각 수학, 영어, 과학 성적을 사용자로부터 입력을 받는다. 사용자별로 성적의 평균을 구하여 출력하시오.

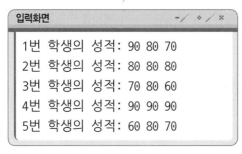

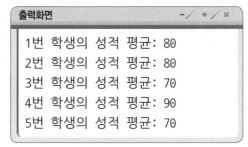

4. 3명의 영업사원의 월간(1월~12월) 실적을 사용자로부터 입력을 받는다. 사용자별로 연간 판매 실적을 출력하시오.

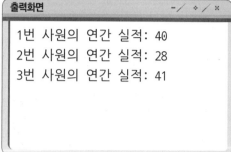

5. 10행 10열을 가지는 두 배열을 0과 9 사이의 임의의 값으로 초기화한다. 첫 번째 배열의 각 원소에서 두 번째 배열의 각 원소를 빼서 3번째 배열에 넣는 프로그램을 작성한다.

함수의 기초

일반적으로 함수는 입력한 값에 대하여 하나의 값을 돌려주는 것을 의미한다. 예를 들어보자.

$$f(x) = (x - 1)^2$$

여기서 x에 1을 넣으면 0이란 값이 나올 것이고 x에 2를 넣으면 1, x에 3을 넣으면 4가 나올 것이다. 입력된 값에 대하여 특정한 일을 수행하여 결과를 돌려주는 것을 함수라고 하는 것이다. 즉 함수는 입력이 되는 값을 이용하여 정해진 명령을 처리하여 결과물을 생산하는 도구 상자와 같은 것을 의미하는 것이다.

함수는 일빈적으로 그 세부적인 내용을 몰라도 어떤 값이 입력으로 들어오면 어떤 결과가 나올 것이라는 섯만 알면 되기 때문에 블랙박스라고도 부른다. 즉 검은색 박스 안에서 구체적으로 어떠한 일이 일어나는지는 모르지만 어떤 식으로 입력을 넣으면 어떤 출력이 나오는지를 알고 함수를 사용하게 되는 것이다.

이러한 함수에는 시스템에서 제공하는 기본적 함수와 사용자가 정의하는 함수가 있다. 예를 들어 printf()와 scanf() 같은 함수가 대표적으로 시스템에서 제공하는 기본 함수이다. printf()나 scanf()가 구체적으로 어떻게 동작하는지 사용자는 모르지만 정해진 형식대로만 함수를 호출하여 사용하면 된다.

이에 반해 사용자 정의 함수는 사용자가 함수에 입력되는 변수의 개수와 형태, 수행해야 할 일, 출력되는 값을 정의하여 쓰는 것이다. 이러한 함수는 비슷한 일이 반복적으로 일어날 때 매우 유용하게 사용될 수 있다.

그림 12-1 함수 개념도

12.1 함수의 기초

(1) 함수의 개요

■ **함수의 기본 형태**

함수는 기본적으로 이름이 있어 이 이름으로 함수를 호출하여 일을 시킨다. 이 때 입력으로 주어지는 값들이 있게 되고 함수가 일을 다 하고 난 후 결과로 나오는 출력이 있게 된다. 함수를 정의할 때 이런 입력, 함수의 이름, 출력, 하는 일을 기술하여야 한다.

형식	출력되는_데이터의_자료형 함수 이름(입력 변수)
	{
	함수가 하는 일
	}

■ **출력되는 데이터의 자료형**

함수는 일을 수행하고 나면 마지막으로 어떤 값을 출력한다. 이렇게 출력되는 데이터의 자료형을 표시해야 한다. 함수가 수행된 후 결과로 나오는 출력물의 형태에 대하여 미리 정해 놓는 것이다. 어떤 함수는 정수를, 어떤 함수는 실수를, 어떤 함수는 문자열을 출력할 것이다. 사실 출력되는 결과가 없는 경우도 있다. 즉 함수가 종료되면서 출력되는 결과물은 없거나 하나만 있을 수 있다는 의미이다. 어떤 함수가 정수를 출력하면 "int"를, 실수를 출력하면 "float"를, 문자의 경우 "char"을 쓰면 된다. 만약 함수가 출력하는 값이 없는 경우 void라는 키워드를 사용하여 출력값이 없다는 것을 표시한다.

■ **함수의 이름**

함수의 이름은 변수에 이름을 붙이는 규칙과 유사하다. 즉 알파벳, 숫자, 언더바('_')로 이루어지면 되나 아무 의미 없는 이름을 붙이는 것은 바람직하지 않다. 가능하면 함수가 하는 일과 관계되어 있는 이름을 붙이는 것이 좋다. 예를 들어 입력으로 들어온 두 수를 더하여 출력하는 함수의 이름으로 A12345라는 이름을 붙여도 문법적으로 문제가 되지는 않으나 나중에 함수의 개수가 많아지면 프로그램을 해독하는 데 어려움이 따르게 된다. 이 경우 Add라는 단어를 활용하여 함수의 이름을 붙여 놓으면 이 함수가 덧셈과 관련된 것이라는 것을 쉽게 알 수 있을 것이다. 대개 첫 문자는 대문자를 사용하며 중간에 소문자와 밑줄('_')을 이용하여 함수의 의미를 최대한 나타내도록 한다. 함수 이름에 띄어쓰기를 할 수 없으므로 대소문자와 밑줄을 적절하게 활용하는 것이다. Get_Max_Number라는 함수 이름이 있다고 하면 이 함수가 어떤 일을 하는지 구체적 내용은 함수의 본체를 잘 살펴보아야겠지만 이름이 의미하는 바를 이용하여 추측한다면 최댓값을 구하는 함수라는 것을 유추할 수 있을 것이다. 이렇듯 함수가 하는 일을 잘 표현할 수 있는 적절한 함수 이름을 붙이도록 하는 것이 좋다.

■ 입력 변수

함수에 입력이 있을 수도 있고 없을 수도 있다. 입력이 없는 경우 입력 변수(혹은 입력 매개 변수)를 쓰는 란을 공란으로 두거나 void라는 키워드를 사용하여 입력 변수가 없음을 표시한다. 입력 변수는 없을 수도 있고 한 개일 수도 있고 두 개일 수도 있고 더 많을 수도 있다. 이러한 입력 변수가 어떠한 자료형을 가지는지를 명시적으로 나타내야 한다.

입력 변수는 함수 이름 다음에 오는 괄호 안에 표시하며 입력 변수가 여러 개인 경우 이들 사이에 콤마를 써서 구분한다. 예를 들어 두 개의 정수형 입력 변수를 갖는 Get_Max_Number라는 함수는

```
Get_Max_Number(int Number1, int Number2)
```

라고 표시하면 된다. 여기서 입력 변수의 이름인 Number1과 Number2는 사용자가 변수 이름 사용 규칙을 지키면서 적절하게 선택하면 된다.

만약 FX라는 함수가 float형 입력 변수 하나만을 가진다면

```
FX(float input1)
```

FX가 float형 입력 변수 하나와 정수형 입력 변수 하나, 그리고 문자형 입력 변수 하나를 가진다면

```
FX(float a, int b, char c)
```

라고 하면 된다. FX가 입력 매개 변수가 없다면 void란 키워드를 사용하여

```
FX(void)
```

라고 표시한다.

이제 함수의 기본적인 정의를 몇 가지 예를 들어 나타내 보자.

```
int Get_Max_Number(int Number1, int Number2)

void Random_Number(void)

float TwoTime(float num1)

double Find_Min(double num1, double num2, double num3)
```

■ 함수가 하는 일에 대한 정의

이제 함수가 하는 일을 정의하여 보자. 함수가 해야 할 일은 '{'와 '}' 사이에 기술한다.

예를 들어 정수 두 개를 입력받아 큰 정수의 값을 출력하는 함수를 생각해 보자.

일단 입력으로는 두 개의 정수가 필요할 것이며 정수가 출력값이 될 것이다. 함수 이름을 i_max라고 하면 다음과 같이 함수를 만들 수 있다.

```
int i_max(int num1, num2)
{
...
}
```

이제 '{'와 '}' 사이에 두 수 중에 큰 값을 구하여 출력하는 일을 기술하면 된다.

```
int i_max(int num1, int num2)
{
 int val;
 if(num1 > num2)
```

```
    val = num1;
  else
    val = num2;
  return val;
}
```

일단 함수 내부에서 사용하는 지역 변수 하나를 선언한다. 그리고 num1이 num2보다 크면 val 값에 num1을 집어넣고 그렇지 않으면 val에 num2를 집어넣는다. 마지막으로 val 값을 return이라는 키워드를 사용하여 함수의 출력 값을 지정하여 준다.

사실 이 함수는 다음과 같이 더 간단하게 바꿀 수 있다.

```
int i_max(int num1, int num2)
{
  if(num1 > num2)
    return num1;
  else
    return num2;
}
```

■ 함수의 사용(호출)

함수를 만들었으면 이를 사용하는 방법을 알아야 한다. 함수는 정해진 형식대로 호출하면 된다. 즉 정해진 이름과 정해진 입력 변수를 넣어 주면 정해진 출력을 만들어내게 된다. 아까 만든 i_max라는 함수는 두 개의 정수를 입력 변수로 가지므로 이를 사용하기 위해 다음과 같이 하면 된다.

```
i_max(3, 6)
```

이 함수는 큰 값을 돌려주므로 6이란 값을 돌려줄 것이다. 그러면 이 함수가 출력한 값을 어느 변수에 저장하는 것이 일반적일 것이므로 다음과 같이 number라는 변수에 값을 집어넣어 주도록 한다.

```
number = i_max(3, 6)
```

이제 i_max 함수를 호출하는 main 함수를 작성하여 보자.

```c
//i_max를 사용하기 전에 먼저 정의하는 것이 일반적이다.
int i_max(int num1, int num2)
{
    int val;
    if(num1 > num2)
        val = num1;
    else
        val = num2;
    return val;
}


int main(void)
{
    int num1, num2, num3;
    printf("첫 째 수자를 입력하시오: ");
    scanf("%d", &num1);

    printf("둘 째 수자를 입력하시오: ");
    scanf("%d", &num2);

    num3 = i_max(num1, num2);
    printf("%d와 %d 중에 큰 수는 %d입니다.\n", num1, num2, num3);
}
```

마지막 printf문은 조금 복잡하지만 다음과 같이 사용할 수도 있다.

```c
printf("%d와 %d 중에 큰 수는 %d입니다.\n", num1, num2, i_max(num1, num2));
```

■ main 함수

사실 main도 아주 특별한 함수이다. 보통 모든 프로그램은 main이라는 함수를 통해 시작된다. main 함수는 운영 체제에 의해 호출된다고 볼 수 있으며 제일 마지막에 운영 체제에 결과값을 돌려준다.

main 함수는 입력 변수가 없는 경우가 많으므로 보통은 다음과 같은 형식을 지닌다.

```
int main(void) {
...
}
```

이 형식을 보면 main 함수가 정수값을 출력하여야 됨을 알 수 있다. 사실 main 함수는 프로그램이 문제없이 수행된 경우 0을 운영 체제로 출력하며 그렇지 않은 경우 0 이외의 값(보통은 1)을 출력하게 된다.

main 함수의 마지막에 0을 출력하는 문장을 집어넣어 주는 것이 좋다. 이 문장을 넣어 주지 않아도 문제가 없이 마지막까지 수행이 된 경우 main 함수는 0을 출력한다.

```
int main(void) {
...
return 0
}
```

■ 비고: 메인 함수의 입력

보통은 운영 체제에서 프로그램을 실행할 때 main 함수의 입력 변수 값을 집어 넣을 수 있으며 argc(정수형), agrv(문자열 배열)라는 두 개의 입력 매개 변수가 있으나 복잡한 내용이 포함되므로 여기서는 생략하도록 한다.

실수 하나를 입력으로 받아 입력된 변수를 2배하여 출력으로 돌려주는 함수를 작성하고 사용자로부터 입력을 받아 함수를 호출하는 간단한 예제를 살펴보자

```
float f_double(float input)
{
float local;
local = input * 2;
return local;
}

int main(void)
{
float num1, num2;
printf("숫자를 입력하시오:");
scanf("%f", &num1);
num2 = f_double(num1);
printf("입력값: %f, 출력값: %f \n", num1, num2);
}
```

이 함수는 다음과 같이 더욱 간략하게 작성할 수 있다.

```
float f_double(float input)
{
return input * 2;
}
```

실습문제 함수의 기초

사용자가 입력한 값을 x라고 할 때 $(x-1)^2$를 구하여 출력하는 프로그램을 작성하시오.

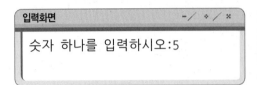

입력화면   -/ ◦ / ✕

숫자 하나를 입력하시오:5

출력화면   -/ ◦ / ✕

입력값: 5, 출력값: 16

상기 실습문제에 대한 프로그램 작성 단계는 다음과 같다.

Step 1 함수의 이름과 입력, 출력의 정의

사용자가 어떠한 값을 입력할지 모르므로 double형으로 입력과 출력을 정의한다.
그리고 함수가 제곱과 관계되는 일을 하므로 함수의 이름을 square라고 정하자.

```
double square(double x)
```

Step 2 함수가 해야 할 일에 대한 기술

일단 함수 내부에서 사용할 변수 하나를 정의한 후 $(x-1)^2$를 구하여 내부 변수에
넣은 후 이 값을 출력한다.

```
double number;
number = (x -1) * (x - 1);
return number;
```

Step 3 사용자로부터 숫자 입력

scanf를 이용하여 double형의 숫자를 입력받는다. 형식 문자열은 '%lf'로 지정한다.

```
scanf("%lf", &num1);
```

Step 4 함수의 호출

main 함수에서 이 함수를 호출하여 num2에 넣어준다.

```
num2 = square(num1);
```

Step 5 순서도

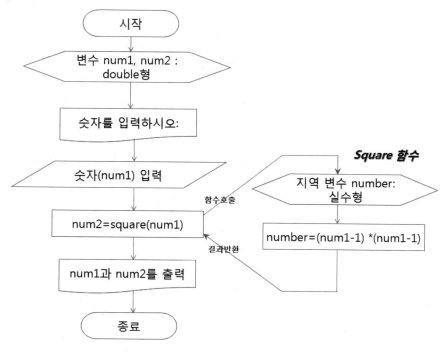

그림 12-2 순서도

Step 6 프로그램

프로그램

```
01: double square(double x)
02: {
03: double number;
04: number = (x -1) * (x - 1);
05: return number;
06: }
07:
08: int main(void)
09: {
10: double num1, num2;
11: printf("숫자를 입력하시오:");
12: scanf("%lf", &num1);
13: num2 = square(num1);
```

```
14: printf("입력값: %f, 출력값: %f \n", num1, num2);
15: }
```

예제 12-1 함수의 기초

사용자가 달러에 해당하는 수치를 입력하면 이를 원으로 계산하여 출력하는 프로그램.
달러에 대한 원화 환율은 define문을 이용하여 상수로 정의하여 놓는다.

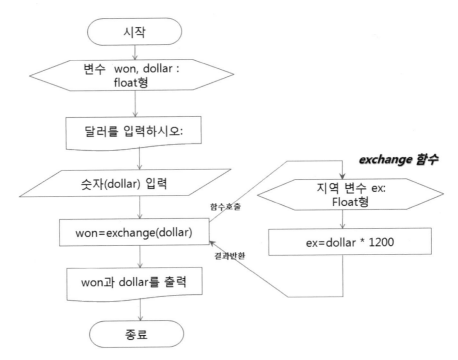

그림 12-3 순서도

```
01: #define WON_DOLLAR 1200
02: float exchange(float money)
03: {
04:     float ex;
05:     ex = money * WON_DOLLAR;
06:     return ex;
07: }
08:
09: int main(void)
10: {
11:     float won, dollar;
12:     printf("달라 금액을 입력하시오.");
13:     scanf("%f", &dollar);
14:     won = exchange(dollar);
15:     printf("%f 달라는 %f 원입니다.\n", dollar, won);
16: }
```

▶▶▶ **1** : 환율 상수의 정의
    define문을 사용하여 프로그램 제일 위에 원달러 환율을 1200으로 정의한다.

2 : 함수 정의
    함수는 실수형 입력 변수 하나를 입력받고 실수형을 출력하는 것으로 하며 함수의 이름은
    exchange로 한다.

4 : 환율 계산
    입력받은 값에 환율을 곱하여 원화 값을 구한다.

예제 12-2 함수의 기초

세 개의 숫자에서 최소값을 구하여 돌려주는 함수를 작성하고 사용자로부터 세 개의
숫자를 입력받아 함수를 호출하고 최소값을 구하여 출력하는 프로그램을 작성하시오.

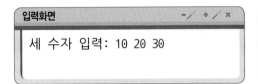

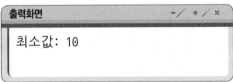

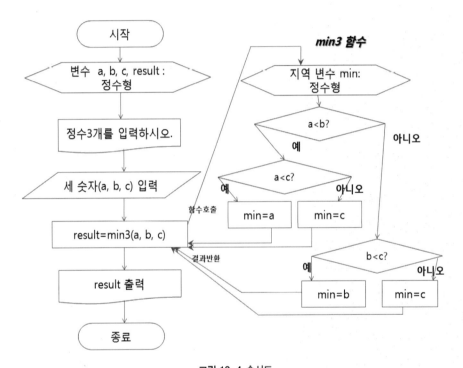

그림 12-4 순서도

프로그램   Default.aspx

```
01: int min3(int num1, int num2, int num3)
02: {
03:     int min;
04:     if(num1 < num2)
05:     {
06:         if(num1 < num3)
```

```
07:              min=num1;
08:        else
09:              min=num3;
10:      }
11:    else if(num2<num3)
12:              min=num2;
13:        else
14:              min=num3;
15:    return min;
16: }
17:
18: int main(void)
19: {
20:    int a, b, c, result;
21:    printf("정수 3개를 입력하시오.");
22:    scanf("%d %d %d", &a, &b, &c);
23:    result = min3(a, b, c);
24:    printf("최소값은 %d입니다.\n", result);
25: }
```

▶▶▶ **3-8** : 숫자 비교하여 최소값 구하기

일단 첫 번째 수와 두 번째 수를 비교하여 첫 번째 수가 더 작다면 더 작은 수가 최소값이 되는 것이다. 만약 첫 번째 수보다 두 번째 수가 작다면 두 번째 수와 세 번째 수를 비교하여 더 작은 수가 최소값이 되는 것이다.

1 : 함수 정의

함수는 정수형 입력 변수 세 개를 입력받고 정수형을 출력하는 것으로 하며 함수의 이름은 min3로 한다.

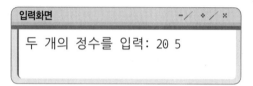

EXERCISE

1. 두 개의 정수를 입력으로 받아 첫 번째 수에서 두 번째 수를 빼서 출력하는 함수를 작성하고 사용자로부터 두 개의 정수를 입력받아 함수를 이용하여 결과를 구해 출력하는 프로그램을 작성하시오.

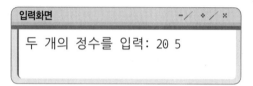

입력화면

두 개의 정수를 입력: 20 5

출력화면

두 수의 차: 15

2. 한 개의 정수를 입력받아 세제곱한 결과를 구하는 함수를 작성하고 사용자로부터 한 개의 정수를 입력받아 함수를 이용하여 결과를 구해 출력하는 프로그램을 작성하시오.

입력화면

입력: 3

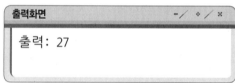

출력화면

출력: 27

3. 세 개의 실수를 입력받아 평균을 구하는 함수를 작성하고 사용자로부터 두 개의 실수를 입력받아 함수를 이용하여 결과를 구해 출력하는 프로그램을 작성하시오.

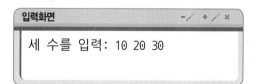

입력화면

세 수를 입력: 10 20 30

출력화면

평균: 20

4. 원의 반지름을 입력하면 원의 둘레의 길이와 넓이를 출력하는 함수를 작성하고 사용자로부터 반지름을 입력받아 함수를 호출하는 프로그램을 작성하시오. 단, 이 함수는 출력값이 없는 대신 원의 둘레와 길이를 출력한다.

5. 입력받은 숫자의 팩토리얼(Factorial)을 구하는 함수를 작성하고 사용자로부터 숫자를 하나 입력받아 함수를 호출하여 결과를 출력하시오. 단, 0 이하의 값이 입력되면 1을 결과값으로 하는 것으로 가정한다.

고급 입출력

지금까지 우리는 비교적 단순한 입출력을 다루었지만 C언어는 풍부한 입출력 기능을 가지고 있다. 좀 복잡하지만 입출력을 자유자재로 다룰 수 있도록 고급 입출력 기능을 배워보도록 하자.

13.1 printf

printf문의 기본형식은 다음과 같다.

형식	printf("출력 형식"); printf("출력 형식", 출력 데이터); printf("출력 형식", 출력 데이터1, 출력 데이터2, ...);

예제	printf("학번 %d인 학생의 평점 평균은 %g이다.\n", id, gpa);

출력 형식은 문자열과 형식 지정자로 이루어진다. 형식 지정자는 '%'와 영문자의 조합으로 구성되고, 순서대로 출력 데이터와 쌍을 이루어 출력을 제어한다. 대표적인 형식 지정자와 그에 따른 출력 형태를 보자.

형식 지정자	설명	출력 예
%d	부호 있는 10진수 정수형으로 출력	123
%f	소수점 고정형 표기 형식으로 출력	123.45
%lf	double형 실수를 소수점 고정형 표기로 출력	123.45
%e	지수 표기 형식으로 출력, 지수 부분을 e로 표시	1.2345e+2
%g	%e와 %f 중 짧은 형식으로 출력	123.45
%E	지수 표기 형식으로 출력, 지수 부분을 E로 표시	1.2345E+2
%G	%E와 %f 중 짧은 형식으로 출력	123.45
%o	부호 없는 8진수 형식으로 출력	173
%x	부호 없는 16진수 형식으로 출력, 소문자로 표기	7b
%X	부호 없는 16진수 형식으로 출력, 대문자로 표기	7B

형식 지정자	설명	출력 예
%c	한 문자로 출력	s
%s	문자열로 출력	string

출력 데이터의 데이터 형과 형식 지정자가 서로 일치하는 것이 바람직하며, 일치하지 않을 경우 의도하지 않은 형태로 출력될 수 있으므로 주의하자. 그런데 아래와 같이 프로그램하고 그 결과를 보면

```
printf("%f\n", 1.0/4.0);
```

"0.250000"처럼 출력된다. 이런 의도하지 않은 0이 출력되지 않게 하려면 '%g'를 사용하면 된다. 그러나 '%g'도 1.0/3.0처럼 소숫점이 많은 경우는 그대로 출력하게 된다. 또한 금액은 보통 오른쪽에 정렬해서 출력하기도 하고, 출력되는 문자의 개수를 제한해야 하는 경우도 있다. 이러한 상황에 대처하기 위하여 형식 지정자를 다음 형태로 작성하면 출력 형태를 더 정밀하게 제어할 수 있다.

형식 %[플래그][필드폭][.정밀도]형식

예제 %-10.3f, %10d, %.3g

우선 플래그(flag)는 하나의 영문자이며 출력의 정렬과 부호 출력, 공백 출력, 8진수와 16진수의 출력 방법을 제어한다.

플래그	설명	기본 값
−	왼쪽으로 정렬	오른쪽 정렬
+	항상 +와 − 부호를 붙인다.	음수일 때 만 −부호를 붙인다.
0	앞 부분의 빈칸 대신 0으로 채운다.	채우지 않는다.
#	8진수를 출력할 때 앞 부분에 0을 붙이고, 16진수를 출력할 때 앞 부분에 0x를 붙인다.	붙이지 않는다.

필드폭(width)과 정밀도(precision)는 출력되는 데이터가 몇 칸을 차지하고 소수점 이하로 몇 자리까지 출력할지를 결정한다. 예를 들어 10.3이라면 전체 칸 수가 10칸이고 소수점 이하로 3칸이 출력된다는 뜻이다. 필드폭을 지정하지 않고 .3이라고 지정하면 소수점 이하 자리만 지정하는 것이다. 정밀도를 지정하지 않으면 소수점 이하가 6자리로 출력된다.

이상의 출력 형식을 종합하여 다음 예제의 출력을 생각해 보자.

```c
#include <stdio.h>

int main(void)
{
        printf("문자열 출력     : [%s]\n", "C언어 프로그래밍");
        printf("문자열 폭 지정  : [%20s]\n", "C언어 프로그래밍");
        printf("문자열 왼쪽 정렬: [%-20s]\n\n", "C언어 프로그래밍");


        printf("문자 출력       : [%c]\n", 'a');
        printf("문자 폭 지정    : [%10c]\n", 'a');
        printf("문자 왼쪽 정렬  : [%-10c]\n", 'a');
        printf("문자의 정수값   : [%d]\n", 'a');
        printf("정수값 폭지정   : [%10d]\n", 'a');
        printf("정수값 왼쪽 정렬: [%-10d]\n\n", 'a');

        printf("정수 출력       : [%d]\n", 1234);
        printf("정수 폭 지정    : [%10d]\n", 1234);
        printf("정수 왼쪽 정렬  : [%-10d]\n", 1234);
        printf("정수 왼쪽 0 삽입: [%010d]\n", 1234);
        printf("음수 왼쪽 0 삽입: [%010d]\n\n", -1234);

        printf("부동소수점 출력 : [%f]\n", 1234.5678);
        printf("부동소수점 출력 : [%g]\n", 1234.5678);
        printf("실수 폭 지정    : [%10.3f]\n", 1234.5678);
        printf("실수 왼쪽 정렬  : [%-10.3f]\n", 1234.5678);
        printf("실수 지수표기   : [%e]\n", 1234.5678);
        printf("실수 지수표기 폭: [%15.3e]\n", 1234.5678);
```

```
        printf("실수 지수표기 폭: [%7.3e]\n", 1234.5678);
        printf("실수 지수표기 폭: [%15.2e]\n\n", 1234.5678);

        printf("실수 출력        : [%f]\n", 0.000123);
        printf("실수 폭 지정     : [%10.3f]\n", 0.000123);
        printf("지수표기 폭 지정: [%10.3e]\n", 0.000123);
        printf("실수 출력        : [%10.3g]\n", 0.000123);

        return(0);
}
```

위 프로그램의 출력은 다음과 같다.

```
문자열 출력      : [C언어 프로그래밍]
문자열 폭 지정   : [    C언어 프로그래밍]
문자열 왼쪽 정렬: [C언어 프로그래밍    ]

문자 출력        : [a]
문자 폭 지정     : [         a]
문자 왼쪽 정렬   : [a         ]
문자의 정수값    : [97]
정수값 폭 지정   : [        97]
정수값 왼쪽 정렬: [97        ]

정수 출력        : [1234]
정수 폭 지정     : [      1234]
정수 왼쪽 정렬   : [1234      ]
정수 왼쪽 0 삽입: [0000001234]
음수 왼쪽 0 삽입: [-000001234]

부동소수점 출력  : [1234.567800]
부동소수점 출력  : [1234.57]
실수 폭 지정     : [  1234.568]
실수 왼쪽 정렬   : [1234.568  ]
```

```
실수 지수 표기   : [1.234568e+003]
실수 지수 표기 폭: [    1.235e+003]
실수 지수 표기 폭: [1.235e+003]
실수 지수 표기 폭: [     1.23e+003]

실수 출력      : [0.000123]
실수 폭 지정     : [    0.000]
지수 표기 폭 지정: [1.230e-004]
실수 출력      : [   0.000123]
계속하려면 아무 키나 누르십시오 . . .
```

문자열을 출력할 때 "100%"처럼 '%' 글자를 출력해야 할 경우도 있나. 형식 지정을 위해 사용하는 '%'를 문자로 출력하려면 '%%'로 작성하면 된다. 예를 들면 다음과 같다.

```
원하는 출력:   "[%10.3f]의 출력은 [   1234.567]"

프로그램:     printf("[%%10.3f]의 출력은 [%10.3f]\n", 1234.567);
```

13.2 scanf

scanf는 printf와 반대로 형식화된 입력을 받아들인다. 그런데 scanf의 실제 동작은 printf와 다른 면이 있으므로 주의깊게 사용해야 한다. scanf 의 기본 형태는 다음과 같다.

형식	scanf("입력 형식", &변수); scanf("입력 형식1 입력 형식2", &변수1, &변수2, ...);

예제	scanf("%d", &number); scanf("%d %f", &number, &fNumber);

입력 형식은 변수에 어떤 자료형을 저장할지를 지정한다. 변수가 일반 변수일 때 '&'를 붙여 값이 저장되게 한다. 만약 변수가 포인터 변수이거나 배열의 이름일 때는 '&'를 붙이지 않는다. scanf에서 사용하는 입력 형식은 printf와 비슷하지만 플래그와 정밀도가 없다. 입력 형식에 printf처럼 형식 지정자가 아닌 문자열이 있게 되면 문자열과 일치하는 부분을 무시하면서 처리하고, 일치하지 않으면 scanf를 종료하게 되므로 주의깊게 사용해야 한다. scanf는 읽기에 성공한 데이터의 개수를 반환한다.

다음 예를 살펴보자.

```
scanf("%d %f", &iNumber, &fNumber);
printf("%d\n", iNumber);
printf("%g\n", fNumber);
```

위 프로그램은 키보드에서 "123 456.78"을 입력하면 number에 123을, fNumber에 456.78의 값을 저장한다. 주의할 점은 "%d %f"에 \n이 없다는 점이다. 또 한 가지 더 주의할 점은 '%f'다음에 바로 큰 따옴표(")가 와야 한다는 점이다. 만약 실수로 "%f "처럼 작성하면 scanf는 '%f'형태의 실수 다음에 공백 문자가 온다고 생각하고 엔터 키, 탭 키, 스페이스 키와 같은 공백 문자를 무시하고 다음 숫자를 기다리게 되므로 원하는 입력이 되지 않는다. 이는 '%f' 다음에 '\n'을 입력한 경우도 동일하다. 한편 '%d'와 '%f' 사이에 있는 빈칸은 키보드로부터 처음 정수와 다음 실수가 공백 문자로 구별된다는 뜻이다. 따라서 정수와 실수 사이에 빈칸이 여러 개 있어도 동일한 결과를 얻는다. 위 프로그램을 실행하고 키보드에서 "123 456.78"을 입력하면 다음과 같은 출력이 나온다.

```
123 456.78
123
456.78
```

형식 지정자 '%o'와 '%x'를 사용하여 8진수나 16진수도 입력할 수 있다.

```
scanf("%d %o %x", &iNumber, &oNumber, &xNumber);
printf("%d %d %d\n", iNumber, oNumber, xNumber);
```

위와 같이 프로그램하고 "10 10 10"을 입력하면 결과는 다음과 같다.

```
10 10 10
10 8 16
```

즉 10을 8진수로 읽어서 10진수 8이 되고, 10을 16진수로 읽어서 10진수 16이 된다. 물론 "10 12 ff"와 같은 10진수, 8진수, 16진수로 입력이 가능하다.

scanf를 사용할 때 short형이나 long형 변수를 입력할 때는 short형에는 'h'를, long형에는 'l'을 붙여 사용해야 한다. 즉, short int형이라면 '%hd'로 해야 하고, double형이라면 '%lf'로 해야 올바로 입력된다. 또한 '%c'로 한 문자를 입력받을 때, 한글은 2바이트로 두 글자를 차지하여 올바로 입력되지 않으므로 '%s'로 문자열로 입력받아야 한다. 물론 한글을 입력받기 위한 변수도 배열이거나 포인터 변수여야 한다. 만약 char형의 배열로 문자열을 입력받기로 했다면 문자의 개수보다 1이 큰 크기를 정해야 한다. 그 이유는 문자열의 마지막을 나타내는 'NULL' 문자를 저장할 공간이 필요하기 때문이다.

```
short sh;
char ch;
long lo;
double du;
char name[20];
scanf("%hd %c %ld %lf %s", &sh, &ch, &lo, &du, name);
```

scanf 함수에서 한 문자를 입력받을 때는 특히 주의해야 하는데 다음 예를 보자.

```
printf("숫자를 입력하세요 : ");
scanf("%d", &num);

printf("문자를 입력하세요 : ");
scanf("%c", &c);
```

위 프로그램을 실행하면 다음 화면처럼

> 숫자를 입력하세요 : 27
> 문자를 입력하세요 : 계속하려면 아무 키나 누르세요. . .

문자를 입력하기 전에 끝나 버린다. 그 이유는 숫자 27을 입력하고 난 다음에 입력한 엔터 키가 문자 입력 부분에 들어가 버리기 때문이다. scanf 함수는 입력에서 필요한 자료를 받아 들이고 남은 나머지 문자를 그대로 입력에 두게되므로 문제가 복잡하다. 특히 문자나 문자열을 처리할 때 이 문제의 처리가 어렵다. 위 문제를 해결하는 방법 중 하나는 하나의 문자가 아니라 문자열을 입력받는 방법이다.

```
int num;
char str[10];
printf("숫자를 입력하세요 : ");
scanf("%d", &num);

printf("문자를 입력하세요 : ");
scanf("%s", str);

printf("%d, %c\n", num, str[0]);
```

또 다른 방법으로 다음에 설명할 gets, getchar()함수를 이용하는 방법이 있다.

13.3 일반 입출력

scanf와 printf는 정수나 실수처럼 형식이 있는 입출력을 다루지만 형식이 없이 문자열을 입출력하는 함수도 있다.

■ 한 문자의 입출력

| 형식 | int getchar(void);   // 한 문자를 입력받는다.
int puchar(int c);   // 한 문자를 출력한다. |

| 예제 | ```c
char ch;

ch = getchar();
if (ch == 'y' || ch == 'Y')
    putchar(ch);
``` |

■ 문자열의 입출력

| 형식 | char *gets(char *buffer); // 한 줄의 문자열을 입력받는다.
int puts(const char *str); // 주어진 문자열을 출력하고 줄바꿈을 한다. |

| 예제 | ```c
char str[81];

printf("주소를 입력하시오.\n");
gets(str);
printf("당신의 주소는 ");
puts(str);
``` |

gets 함수는 입력에서 '\n'을 만날 때까지 모든 문자를 받아들이고 문자열의 마지막에 NULL(='\0')을 집어 넣는다. '\n'은 입력되지 않는다.

13.4 입출력 실습

예제 13-1 고급 입출력

도서명, 출판사, 출판 연도, 가격 순으로 도서 정보를 10개 입력하여 출력하는 프로그램을
작성한다.

입력화면

도서명, 저자, 출판사, 출판 연도, 가격을 순서대로 입력하세요.
끝내려면 모두 1을 입력합니다.

도서명: 부의 미래
저자: 앨빈 토플러
출판사: 청림출판
출판 연도: 2006
가격: 19850

도서명: 정의란 무엇인가?
저자: 마이클 샌델
출판사: 김영사
출판 연도: 2010
가격: 15000

도서명: 1
저자: 1
출판사: 1
출판 연도: 1
가격: 1

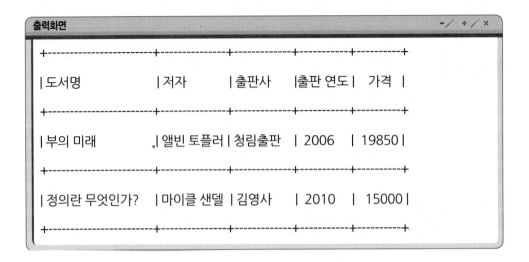

도서명	저자	출판사	출판 연도	가격
부의 미래	앨빈 토플러	청림출판	2006	19850
정의란 무엇인가?	마이클 샌델	김영사	2010	15000

도서명, 저자, 출판사, 출판 연도, 가격을 저장할 변수를 선언하고, printf문으로 입력받을 정보를 출력하고, scanf문으로 정보를 입력받아, printf로 포맷하여 출력한다.

프로그램

```
01: #include <stdio.h>
02:
03: int main(void)
04: {
05:     char Name[10][30];
06:     char Author[10][20];
07:     char Publisher[10][20];
08:     int  Year[10];
09:     int  Price[10];
10:     int  i, n;
11:
12:     printf("도서명, 저자, 출판사, 출판 연도, 가격을 순서대로 입력하세요.\n");
13:     printf("끝내려면 모두 1을 입력합니다.\n\n");
14:
15:     /*  입력 부분 */
16:     n = 0;
17:     do
18:     {
```

```
19:         printf("도서명: ");
20:         gets(Name[n]);
21:         //scanf("%s", Name);
22:
23:         printf("저자: ");
24:         gets(Author[n]);
25:
26:         printf("출판사: ");
27:         gets(Publisher[n]);
28:
29:         printf("출판 연도: ");
30:         scanf("%d", &Year[n]);
31:
32:         printf("가격: ");
33:         scanf("%d", &Price[n]);
34:
35:         getchar();    // 마지막 엔터 삭제
36:         putchar('\n');
37:     }
38:     while (Price[n++] > 1);
39:
40:     /* 출력 부분 */
41:     printf("+------------------------+-------------+-------------+--------
    +----------+\n");
42:     printf("| 도서명                   | 저자          | 출판사        |출판
    연도|  가격   |\n");
43:
44:     for (i = 0; i < n-1; i++)
45:     {
46:         printf("+------------------------+-------------+-------------+----
    ---+----------+\n");
47:
48: printf("| %-25s | %-12s | %-12s |  %4d  | %8d |\n",
49:     Name[i], Author[i], Publisher[i], Year[i], Price[i]);
50:     }
```

```
51:    printf("+----------------------------+--------------+--------------+--------
   +----------+\n");
52:
53:    return(0);
54: }
```

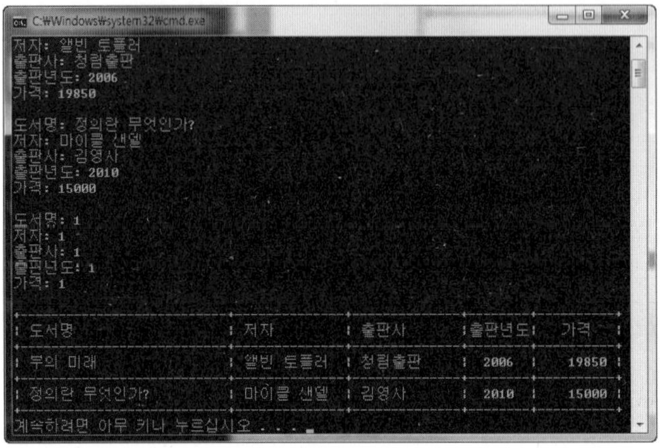

그림 13-1 출력화면

예제 13-2 고급 입출력

구구단을 출력한다. 콘솔 출력 창이 가로 80자, 세로 24줄이 기본인 점을 고려하여
2-5단을 상단에, 6-9단을 하단에 출력하도록 한다. printf 형식 지정자의 필드폭 지정을
이용하여 열을 맞추어 출력하도록 한다.

그림 13-2

프로그램

```
01: #include <stdio.h>
02:
03: int main(void)
04: {
05:     int i, j;
06:
07:     for (i = 2; i <= 9; i++)
08:     {
09:         for (j = 2; j <= 5; j++)
10:         {
11:             printf("%d * %d = %2d   ", j, i, i*j);
12:         }
13:         printf("\n");
14:     }
15:     printf("\n");
16:
17:     for (i = 2; i <= 9; i++)
18:     {
19:         for (j = 6; j <= 9; j++)
20:         {
21:             printf("%d * %d = %2d   ", j, i, i*j);
22:         }
23:         printf("\n");
24:     }
25:     printf("\n");
26:     printf("\n");
27:
28:     return(0);
29: }
```

13.5 파일 입출력

많은 데이터를 일일이 키보드로 입력하려면 시간도 많이 걸리고 실수할 가능성도 많다. 이럴 때에 데이터를 미리 파일로 만들어 저장해 놓고, 파일로부터 데이터를 읽어 들이게 하면 편리할 것이다. 또한 프로그램에서 많은 결과를 만들었지만 화면으로 출력된 것은 사라지게 되어 나중에 다시 볼 수 없는 단점이 있다. 이 역시 화면으로 출력하는 대신에 파일에 저장되게 하면 결과를 두고두고 볼 수 있게 된다. C 언어에서도 키보드로 입력하고 화면으로 출력하는 대신에 파일이나 문자열에서 입력되고, 파일이나 문자열로 출력하는 방법도 제공한다. C 언어에서 키보드로 입력하는 것을 표준 입력이라 하고, 화면으로 출력하는 것을 표준 출력이라 한다. 키보드의 입력 속도는 CPU와 비교하여 매우 느리므로 키보드에서 입력한 내용을 입력 버퍼(buffer)에 임시 저장을 하고, 이 버퍼에서 데이터를 읽어 처리한다. 앞서 설명한 scanf와 printf가 표준 입출력을 처리하는 함수이다.

■ 파일 열기

파일에서 데이터를 읽거나 파일에 데이터를 쓰려면 우선 읽고, 쓸 파일이 있어야 한다. 파일이 없다면 새로 만들어야 한다. 파일을 연다는 것은 파일을 프로그램에서 접근하여 읽고 쓸 수 있는 상태로 바꾸어 주는 것이다. C 언어에서 파일을 새로 생성하고, 이미 있는 파일을 읽기 위한 함수는 다음과 같다.

| 형식 | FILE *fopen(const char *FileName, const char *Mode); |

| 예제 | `FILE *fp = NULL;`
`fp = fopen("InputFile.txt", "r");` |

여기서 FILE은 파일을 다루기 위한 구조체(struct)의 이름이며 〈stdio.h〉에 정의되어 있다. fopen 함수는 첫 번째 인자로 들어온 파일 이름을 가진 파일을 두 번째 인자로 들어온 모드에 따라 파일을 열어서 그 접근 경로를 돌려준다. 위의 예에서 "InputFile.txt"를 읽기모드("r")로 열어서 접근 경로를 fp에 저장한다. fopen 함수에서 사용하는 모드는 다음과 같다.

모드	설명
r	읽기(read) 모드, 파일이 없을 경우 에러가 발생한다
w	쓰기(write) 모드. 파일이 없으면 새로 만들고, 기존의 파일이 있으면 내용을 지우고 처음부터 기록한다
a	파일의 맨 뒷부분에 추가(append)로 기록한다. 파일이 없으면 새로 만든다.
r+	읽기(read)와 쓰기(write) 모드. 파일이 없을 경우 에러가 발생한다.
w+	읽기(read)와, 쓰기(write) 모드. 파일이 없으면 새로 만들고, 기존의 파일이 있으면 그 이전의 내용을 지우고 처음부터 기록한다.
a+	파일의 맨 뒷부분에 추가(append)로 기록한다. 파일이 없으면 새로 만들고, 기존의 파일이 있으면 파일의 맨 뒷부분에 추가로 기록한다. 파일의 어느 곳이나 읽기는 가능하나 쓰기는 파일 끝에 추가적으로 가능하다

파일을 열려고 했는데 파일이 없다면 오류가 발생하고 이 경우 fopen은 NULL값을 반환한다.

■ 파일 닫기

파일에서 읽기나 쓰기가 끝나면 반드시 파일을 닫아 주어야 한다. 파일을 닫지 않으면 입출력 버퍼에 남아 있는 내용이 저장되지 않고 사라질 수 있다.

형식	int *fclose(File *fp);

예제	fclose(fp);

■ 파일 입출력 함수

C 언어에서 제공하는 파일 입출력 함수는 다음과 같다.

입력 함수	출력 함수	설명
int fscanf(FILE *fp, const char * format, ...);	int fprintf(FILE *fp, const char *format, ...);	파일에서 형식 문자열에 따라 입출력 한다.
char *fgets(char *str, int n, FILE *fp);	int fputs(const char *str, FILE *fp);	파일에서 문자열을 입출력 한다.
int fgetc(FILE *fp);	int fputc(int c, FILE *fp);	파일에서 한 문자를 입출력한다.

a) fscanf, fprintf

fscanf와 fprintf는 파일에서 입출력하기 위하여 FILE에 대한 접근자를 추가한 점을 빼면 scanf, printf와 사용 방법이 동일하다. 파일에서의 입출력을 나타내기 위하여 f가 앞에 붙었다고 생각하면 된다.

```c
#include <stdio.h>

int main(void)
{
    FILE *fp = NULL;
    int number;
    float average;
    long sum;

    fp = fopen("data.txt", "r");

    if (fp == NULL)
    {
        printf("파일이 없습니다.\n");
        return(-1);
    }

    fscanf(fp, "%d %ld", &number, &sum);
    average = (float) sum / number;
    printf("average = %.2f\n", average);
```

```
    fclose(fp);
    return(0);
}
```

위 프로그램은 데이터를 "data.txt" 파일에서 fscanf 함수로 읽는 예를 보여 준다.

```
#include <stdio.h>

int main(void)
{
    FILE *fp1 = NULL;
    FILE *fp2 = NULL;

    int number;
    float average;
    long sum;

    fp1 = fopen("data.txt", "r");
    fp2 = fopen("result.txt", "w");

    if (fp1 == NULL || fp2 == NULL)
    {
        printf("파일을 열 수 없습니다.\n");
        return(-1);
    }

    fscanf(fp1, "%d %ld", &number, &sum);
    average = (float) sum / number;
    fprintf(fp2, "average = %.2f\n", average);

    fclose(fp1);
    fclose(fp2);

    return(0);
}
```

앞의 프로그램을 변경하여 파일에서 읽고, 파일에서 쓰도록 수정하였다.

13.4절의 예제에서 scanf를 통해 데이터를 입력받을 때, 데이터가 마지막임을 알리기 위해 특별한 값을 입력하는 방법을 사용했다. 파일에서 데이터를 읽을 때는 데이터의 끝을 알 수 있는 더 좋은 방법이 있다. feof 함수를 이용하는 것이다. feof는 파일의 끝(end-of-file)이면 0을 반환하고 그렇지 않으면 0이 아닌 값을 반환한다. feof를 이용하여 위 소스를 수정하면 다음과 같다. 이때 fscanf 함수가 마지막 데이터를 읽었을 때, 뒷부분에 공백 문자가 남아 있으면 아직 파일 끝이 아니므로 프로그램이 종료되지 않을 수 있다. 이 경우 다음 번 fscanf는 읽을 데이터가 없으므로 0을 반환한다. fscanf는 정상적으로 데이터를 읽을 경우 올바르게 읽은 데이터의 수를 반환하므로 항상 0보다 크다. fscanf가 파일 끝을 만나면 미리 정의된 상수인 EOF를 반환한다.

```c
#include <stdio.h>

int main(void)
{
    FILE *fp1 = NULL;
    FILE *fp2 = NULL;

    int number;
    float average;
    long sum;
    int n = 0;

    fp1 = fopen("data.txt", "r");
    fp2 = fopen("result.txt", "w");

    if (fp1 == NULL || fp2 == NULL)
    {
        printf("파일을 열 수 없습니다.\n");
        return(-1);
    }

    while (!feof(fp))
    {
```

```
        if (fscanf(fp1, "%d %hd", &number, &sum) > 0)
        {
            average = (float) sum / number;
            fprintf(fp2, "%d: average = %.2f\n", n++, average);
        }
    }

    fclose(fp1);
    fclose(fp2);

    return(0);
}
```

13.6 파일 입출력 실습

예제 13-3 파일 입출력

1과 100사이의 소수를 찾아서 그 결과를 "prime.txt"라는 파일에 저장하는 프로그램을 작성한다. 아래 프로그램 소스를 보지 말고 직접 작성해 보고 비교해 보자.

프로그램

```
01: #include <stdio.h>
02:
03: int main(void)
04: {
05:     FILE *fp = NULL;
06:     int i;
07:     int number;
08:
09:     fp = fopen("prime.txt", "w");
10:     if (fp == NULL)
11:     {
```

```
12:            printf("파일을 열 수 없습니다.\n");
13:            return(-1);
14:        }
15:
16:    for (number = 2; number <= 100; number++)
17:    {
18:        for (i = 2; i < number; i++)
19:        {
20:            if (number % i == 0)
21:            break
22:        }
23:        it (i == number)
24:            fprintf(fp, "%d ", number);
25:    }
26:
27:    fclose(fp);
28:    return(0);
29: }
```

프로그램을 실행하여 보고, "prime.txt" 파일이 생겼는지 확인한다. "prime.txt" 파일을 열어서 "2 3 5 7 11 … 89 97"이 잘 들어 있는지 확인한다.

■ 파일 읽기

앞의 실습에서 만든 "prime.txt"를 읽어 화면에 출력해 보자.

프로그램

```
01: #include <stdio.h>
02:
03: int main(void)
04: {
05:     FILE *fp = NULL;
06:     int number;
07:
```

```
08:    fp = fopen("prime.txt", "r");
09:    if (fp == NULL)
10:    {
11:        printf("파일을 열 수 없습니다.\n");
12:        return(-1);
13:    }
14:
15:    printf("1 ~ 100의 소수\n");
16:    while (!feof(fp))
17:    {
18:        if (fscanf(fp, "%d", &number) > 0)
19:            printf("%5d\n", number);
20:    }
21:
22:    fclose(fp);
23:    return(0);
24: }
```

1. 1000과 10000 사이의 소수를 구하여 오른쪽 정렬이 되게 한 줄씩 출력하라.

2. 키와 몸무게를 입력받아 비만 여부를 가리는 프로그램을 작성하라. 비만 여부는 다음과 같은 공식을 활용한다. 표준 몸무게(kg) = [키(cm) − 100] * 0.9. 비만도(%) = [실제몸무게 / 표준 몸무게) * 100. 비만도가 90~109%면 정상이지만 110~119%면 과체중, 120% 이상이면 비만이다. 체질량 지수 = 몸무게(kg) / 키(m)^2. 체질량 지수가 20~24.9면 정상, 25~29.9면 과체중, 30 이상이면 비만이다. 출력은 비만도와 체질량 지수로 나누어 계산 결과와 판정을 출력한다.

3. 빈칸과 '*'를 이용하여 삼각형을 출력하는 프로그램을 작성하라.

4. 회원 관리 프로그램을 작성한다. 회원 데이터는 배열에 저장한다. 회원의 이름과 전화번호를 입력받아 "member.txt" 파일에 저장한다. "member.txt" 파일이 존재하면 이를 읽어 들여 배열에 저장하고, 추가로 입력받는 회원 정보는 뒷부분에 추가하게 한다. 프로그램이 종료할 때, 배열에 있는 모든 회원 정보를 화면에 출력한다. 이름과 전화번호가 열이 맞게 출력되도록 한다.

INDEX